社科博士论文文库
Social Sciences Doctoral Dissertation Library

Rediscovery of Life World and
Construction of a Better Life

生活世界的重新发现与美好生活建构

兰宇新 著

上海社会科学院出版社

该著作出版受到上海高校特色马克思主义学院建设项目经费资助

社科博士论文文库

总　序

　　博士研究生培养是一个人做学问的重要阶段。有着初生牛犊不怕虎的精神和经邦济世雄心的博士研究生,在读博期间倾注大量时间、心血学习,接触了广泛的前沿理论,其殚精竭虑写就的博士论文,经导师悉心指导,并在专家和答辩委员会修改意见下进一步完善,最终以学术性、创新性和规范性成就其学术生涯的首部精品。每一位有志于从事哲学社会科学研究的青年科研人员,都应将其博士学位论文公开出版;有信心将博士论文公开出版,是其今后能做好学问的底气。

　　正因如此,上海社会科学院同其他高校科研机构一样,早在十多年前,就鼓励科研人员出版其博士论文,连续出版了"新进博士文库""博士后文库"等,为学术新人的成长提供了滋养的土壤。基于此,本社拟以文库形式推出全国地方社会科学院及高校社科领域的青年学者的博士论文,这一办法将有助于哲学社会科学领域的优秀成果脱颖而出。根据出版策划方案,本文库收录的作品具有以下三个特点:

　　第一,较高程度掌握学科前沿动态。入选文库的作者以近3年内毕业的博士为主,这些青年学子都接受过严格的学术训练,不仅在概念体系、研究方法和研究框架上具有相当的规范性,而且对研究领域的国内外最新学术成果有较为全面的认知和了解。

　　第二,立足中国实际开展学术研究。这些论文对中国国情有相当程度的把握,立足中国改革开放过程中的重大问题,进行深入理论建构和学术研究。既体现理论创新特色,又提出应用对策建议,彰显了作者扎实的理论功底和把论文写在祖国大地上的信心。对构建中国学术话语体系,增强文化自信和道路自信起到了积极的推进作用。

第三,涵盖社科和人文领域。虽是社科博士论文文库,但也收录了不少人文学科的博士论文。根据策划方案,入选论文类别包括当代马克思主义、经济、社会、政治、法律、历史、哲学、文学、新闻、管理以及跨学科综合等,从文库中得以窥见新时代中国哲学社会科学研究的巨大进步。

这套文库的出版,将为理论界学术新人的成长和向理论界推荐人才提供机会。我们将以此为契机,成立学术委员会,对文库中在学科前沿理论或方法上有创新、研究成果处于国内领先水平、有重要理论意义和现实意义、具有较好的社会效益或应用价值前景的博士论文予以奖励。同时,建设上海社会科学院出版社学者库,不断提升出版物品质。

对文库中属全国优秀博士论文、省部级优秀博士论文、校级优秀博士论文和答辩委员会评定的优秀博士论文及获奖的论文,将通过新媒体和新书发布会等形式,向学术界和社会加大推介力度,扩大学术影响力。

是为序!

上海社会科学院出版社社长、研究员

2024 年 1 月

目 录

总 序 ………………………………………………… 1

第一章 | 绪论

第一节 问题缘起和研究意义 ………………………… 3
一、选题缘由：美好生活——21世纪马克思生活世界理论的时代命题和全新表达 ……… 3
二、研究的理论价值和现实意义 ……………… 7

第二节 主要文献与研究综述 ………………………… 8
一、理论生成溯源：关于马克思感性世界理论的研究 …………………………………………… 8
二、生活世界理论在西方：关于现象学中的生活世界概念和西方马克思主义日常生活批判理论的研究 ……………………………………… 12
三、生活世界理论的中国化：关于新型现代性与新时代美好生活建构的理论研究 ………… 18

第三节 研究内容与研究方法 ………………………… 22
一、概念界定：生活世界、日常生活与美好生活的逻辑关系 ………………………………… 22
二、研究范围界定 ……………………………… 24

三、理论框架：马克思主义中国化生活世界理论
　　　　图式 …………………………………………… 26
　　四、研究方法 ……………………………………… 27
第四节　创新之处及研究难点 ………………………… 28
　　一、创新之处 ……………………………………… 28
　　二、研究难点 ……………………………………… 29

第二章 ｜ 回归生活世界：马克思实现哲学观变革的突破口

第一节　马克思回归生活世界的思想渊源 …………… 34
　　一、黑格尔"精神历史"的抽象根基及对现实世界的
　　　　遮蔽 …………………………………………… 34
　　二、从神圣到世俗——对费尔巴哈感性哲学的继承和
　　　　扬弃 …………………………………………… 37
第二节　早期马克思感性世界理论与现代历史唯物
　　　　主义的系统阐释 ……………………………… 39
　　一、《〈黑格尔法哲学批判〉导言》：现实世界是人的
　　　　本质回归 ……………………………………… 41
　　二、《1844年经济学哲学手稿》：批判资本主义
　　　　社会的异化生活 ……………………………… 42
　　三、《神圣家族》：走进尘寰"在生活中真正成其为人"
　　　　………………………………………………… 47
　　四、《关于费尔巴哈的提纲》："云霄中的王国"与
　　　　世俗基础 ……………………………………… 53
　　五、《德意志意识形态》：现实生活是历史唯物
　　　　主义的起点 …………………………………… 55
第三节　马克思回归生活世界的社会历史批判与
　　　　现实启示 ……………………………………… 56

一、形而上学批判：哲学的本体论和认识论革命
　　　………… 56
　　二、资本批判：马克思现代性批判之于建构美好
　　　生活的现实启示 ………… 58

第三章 | 植根生活世界实践：中国共产党对美好生活理解和追求的时代化转换

第一节 新民主主义革命时期的探索 ………… 66
　　一、对工人阶级生活境况的关注和改善 ………… 69
　　二、对农民生活的调查和提高 ………… 73
　　三、对其他阶级、阶层生活的分析 ………… 75
　　四、重视劳动与生活的联系 ………… 76

第二节 社会主义革命和建设时期的探求 ………… 77
　　一、医治战争创伤，重建和平生活 ………… 77
　　二、文化生活的政治化同构 ………… 78
　　三、工业化与生活需要的平衡 ………… 79
　　四、农村生活与城市生活统筹 ………… 82
　　五、指明美好生活由劳动创造 ………… 83

第三节 改革开放和社会主义现代化建设新时期的跨越
　　………… 85
　　一、改革生产关系和上层建筑以改善生活 ………… 85
　　二、改善人民生活的前提是坚持社会主义道路 ………… 87
　　三、调整比例关系，切实在发展生产基础上改善
　　　生活 ………… 88
　　四、文化生活与社会主义精神文明建设相结合 ………… 90

第四节 新时代对人民"美好生活"追求的统筹布局 ………… 91
　　一、以人民为中心的马克思主义发展观 ………… 92

二、共享发展理念下走出中国特色减贫道路 …… 94
三、绿色生活生产方式转型 ……………………… 97
四、从主体性强调劳动创造更美好的生活 ……… 99
五、与人类实践对接全人类的美好生活 ………… 102

第四章 美好生活的内涵：马克思生活世界理论在当代的新发展

第一节 社会主要矛盾的转化定位生活新标准 …… 107
一、实践的内在动力：生活的基本矛盾 ………… 108
二、新时代社会主要矛盾转化的解决方略和归旨 ………………………………………………… 110

第二节 以矛盾分析方法看待美好生活内涵 …… 116
一、美好生活的主体形式：个体与群体的统一 ………………………………………………… 116
二、美好生活的内容结构：物质与精神的统一 ………………………………………………… 118
三、美好生活的价值属性：绝对性和相对性的统一 …………………………………………… 119
四、美好生活的历史逻辑：合目的性和合规律性的统一 ……………………………………… 122
五、美好生活的空间延伸：民族性和世界性的统一 …………………………………………… 125

第五章 现代性语境下美好生活建构面临的挑战及其超越

第一节 西方马克思主义日常生活批判理论对美好生活建构的启示 ……………………………… 132

一、贡献：揭示西方现代性的当代困境 ………… 133

二、局限：调和式思辨演绎　无法跳出西方现代性

　　…………………………………………………… 149

第二节　新时代美好生活的展开与新型现代性的

　　　　生成发展交互演进……………………… 150

一、新型现代性与西方现代性的关联之处 ……… 152

二、新型现代性构成不同于资本主义生活样式的

　　图景 ……………………………………………… 153

第六章 | 中国式现代化进程中美好生活建构内涵和路径

第一节　美好生活视域下的日常生活变革………… 164

一、对传统僵化禁锢的日常思维和生活方式的

　　变革 ……………………………………………… 164

二、超越资本逻辑对生活的宰制 ………………… 166

第二节　以美好生活为旨归的日常生活构建内涵 …… 169

一、人与自然对象性关系维度：低碳生活与

　　绿色消费 ………………………………………… 169

二、人与人的社会交往维度：现实交往与网络交往

　　…………………………………………………… 172

三、人与自身的关系维度：日常观念活动与生活

　　审美化 …………………………………………… 176

第三节　人类文明新形态视域下的生活品质提升

　　…………………………………………………… 180

一、人类文明新形态视域下物质维度生活需求演进

　　新特征 …………………………………………… 181

二、人类文明新形态视域下政治维度生活需求演进

　　新方向 …………………………………………… 183

三、人类文明新形态视域下精神维度生活需求演进
　　新指向 ………………………………………… 186

四、人类文明新形态视域下社会维度生活需求演进
　　新方面 ………………………………………… 188

五、人类文明新形态视域下生态维度生活需求演进
　　新特点 ………………………………………… 189

第四节　中国式现代化进程中的美好生活建构途径
……………………………………………………… 191

一、美好生活的主体："现实的人"的现代化 …… 192

二、美好生活的精神性维度：社会主义核心价值观
　　体系的认同 …………………………………… 194

三、美好生活的制度性保障：治理体系与治理能力
　　现代化 ………………………………………… 201

四、美好生活的实践路径：从维生劳动到体面
　　劳动及至自由自觉的劳动 …………………… 207

第七章 ｜ 主要结论

一、以唯物史观把握"生活世界"的变革 ………… 216

二、现代化内生动力取决于生产发展与生活需求的
　　有效契合 ……………………………………… 217

三、美好生活是一个"改变世界"的实践命题 …… 218

参考文献 ………………………………………… 220

第一章 绪论

- 第一节 问题缘起和研究意义
- 第二节 主要文献与研究综述
- 第三节 研究内容与研究方法
- 第四节 创新之处及研究难点

第一章 | 绪论

第一节　问题缘起和研究意义

一、选题缘由：美好生活——21世纪马克思生活世界理论的时代命题和全新表达

"重新发现生活世界"有两重含义，第一重含义属于马克思的哲学革命。自柏拉图"洞穴隐喻"将生活世界视为囚禁常人视野的假象，后世西方哲学设定了两个分裂的世界——理念世界和生活世界。理念世界被视为真理世界，生活世界的流变不定被视为思想的累赘而被摒弃，穿越生活"幻象"，触及理念"真理"，是马克思所处时代以前的西方哲学主题。而马克思本体论和认识论革命所形成的新世界观，既不像黑格尔以抽象的主体和自我精神为逻辑基础，也不像费尔巴哈那样以抽象的物质和抽象的自然为逻辑基础，而是以现实的人的（劳动）实践为存在的基点。这样马克思实现了哲学探讨对象和主题的根本转换，从观念本体和宇宙本体转向了人的现实生活，人的生活世界。历史唯物主义超越了以往对美好生活的主观建构和凭空设想，让理论重新触及社会现实，通过对资本主义现代生活的批判和对共产主义生活的构建，进而实现理念世界介入生活世界的哲学历程。这个意义上，马克思的哲学革命"重新发现"了生活世界。历史唯物主义的整体视角为美好生活奠定了科学的哲学根基和实践基石。

"重新发现生活世界"的第二重含义，属于马克思主义中国化时代化的进程。自党的十九大报告提出更好地满足"人民日益增长的美好生活需要"，"美好生活"成为新时代中国特色社会主义的关键词和主题词。中国式现代化进程到了距离"两步走"战略完成还有不到三十年的当口，提出"美好生活"理念,在理论上有着深刻意义,这意味着对马克思的历史唯物主义尤其是对其中的社会历史理论有很深的坚持,我们所坚持的无产阶级意识形态,自觉地对现代性异化、资本逻辑的部分进行节制、批判、驯服、建构,同时也不自觉地在保护着生活基础,呵护着生活世界。中国特色社会主义价值取向指引下,日常生活的历史演变和社会坐标所蕴含的现代性内涵与资本主义现代性有着本质性差异,中国式现代化进程中所追求建构的现代生活样态,以及笼罩在生活之上的意识形态都是有别于资本主义的,这意味着我们从实践"自发"层面到理论"自觉"层面都"重新发现"了中国特色社会主义的生活世界,在这个意义上,马克思主义中国化时代化的进程中,中国特色社会主义"重新发现"了有别于资本主义现代性所塑造的生活世界,中国特色社会主义所追求的美好生活是中国式现代化发展道路下生活样式的当代形态和演进诉求,这是对中国现代生活的理想图式和实践方式的重新定义和塑造。

"美好生活"是习近平新时代中国特色社会主义思想的重要命题,在庆祝中国共产党成立 100 周年大会上,习近平总书记指出"我们坚持和发展中国特色社会主义,推动物质文明、政治文明、精神文明、社会文明、生态文明协调发展,创造了中国式现代化新道路,创造了人类文明新形态"[①],指明了"美好生活"的新时代内涵需要在科学社会主义的语境中加以澄清和确立,党的二十大报告中明确"坚持把实现人民对美好生活的向往作为现代化建设的出发点和落脚点"[②],这意味着中国人民向往和追求的"美好生活"将获得不同于传统和西方的新的历史内涵。"美好生活"作

---

① 习近平:《在庆祝中国共产党成立 100 周年大会上的讲话》,《人民日报》2021 年 7 月 2 日,第 2 版。
② 习近平:《高举中国特色社会主义伟大旗帜　为全面建设社会主义现代化国家而团结奋斗——在中国共产党第二十次全国代表大会上的报告》,《中华人民共和国国务院公报》2022 年第 30 号。

为一个社会历史范畴,需从中国式现代化视野把握整体框架,历史地、辩证地构建新时代美好生活理念的整体研究,以进一步阐述其重要地位和价值。

  美好生活的建构要放到新型现代性发展道路的出场下研究,我们展开现代生活的路径跟西方路径是不同的,贯穿中国特色社会主义的一条主线,是中国开辟了一条不同于西方现代性的道路,是后发国家走向现代化的新发展模式和解答。作为现代性的组成部分,中国式现代化道路也有人类一般现代化道路的共同特征,但在中国共产党的领导下,以习近平新时代中国特色社会主义思想为指引,中国式现代化所蕴含的现代性内涵跟资本主义现代性有本质性差异。当前学术界"另类现代性"[①]"多元现代性"[②]和"复杂现代性"[③]等概念,就包含着不能对现代性做过于单一和消极的判断。一方面,中国现代化进程的原始积累过程比西方要温和得多、人道得多,另一方面,中国现在仍然存在严重的不平衡、不充分的发展问题,"日常生活"本身的异化没有西方马克思主义理论家们所理解的那样消极糟糕。而马克思本人也十分乐观,我们可以回到马克思在费尔巴哈两重世界划分后(即宗教世界与世俗世界的区分)继续推进的工作——"因此,对于这个世俗基础本身应当在自身中、从它的矛盾中去理解,并且在实践中使之发生革命。"[④]世俗基础生活世界本身的矛盾中,马克思去解释为什么会产生想象出来的世界、异化的意识形态,并且从世俗世界自身的分裂、矛盾的发生和转换当中找到它的出路,看出革命的真实前途,古代世界的世俗基础发生革命,推动了历史性社会进步,转化成现

[①] 苗翠翠:《另类现代性何以另类》,《理论月刊》2018年第6期。
[②] 艾伯特·马蒂内利:《多元现代性与中国式现代化道路》,《中国社会科学报》2021年10月15日,第12版。
[③] 汪行福:《"复杂现代性"论纲》,《社会科学文摘》2018年第3期。
[④] 《马克思恩格斯文集》第1卷,北京:人民出版社,2009年,第500页。

代世界与现代性的产生。世俗领域自身的变化是巨大的进步,只是变成一个新阶段的世俗基础。新时代的现代性既有世俗基础,本身又有新的矛盾,这个矛盾推动它发生进一步的社会历史进步,向更高未来形态发生"革命"。这蕴含着日常生活异化消除的动力来自日常生活本身,因为在现代性社会的"异化"中同时包含着人性的极大丰富,包括越来越丰富的产品体系、需要体系、能力体系等,二者是一枚硬币的两面,因而如马克思所说"自我异化的扬弃同自我异化走的是同一条道路"。①

"两个一百年"的历史交汇点上,党的十九届四中全会提出"要在各方面制度更加成熟更加定型上取得明显成效"②,在党的十九届五中全会审议通过的《中共中央关于制定国民经济和社会发展第十四个五年规划和二〇三五年远景目标的建议》中提出"全面建设社会主义现代化国家"的新表述,将"人民生活更加美好,人的全面发展、全体人民共同富裕取得更为明显的实质性进展"③作为到二〇三五年基本实现社会主义现代化远景目标之一,为中国式现代化的基本特征赋予了目标导向和价值导向。党的十九届六中全会"第三个历史决议"④强调党领导人民成功走出中国式现代化道路,对人类文明新形态的创造,对现代化内涵的拓展,指明了新时代致力于实现的生活样式。这意味着中国式现代化道路上的中国之治要为当代中国、为中华民族提供一种成熟的、"成型"的生活方式,让包含着社会主义因素、现代性因素的生活"定型"下来。中国新型现代性道路发展的目的是构筑一种能实现人自由全面发展、共同富裕,实现自我价

---

① 《马克思恩格斯文集》第1卷,北京:人民出版社,2009年,第182页。
② 《中共中央关于坚持和完善中国特色社会主义制度　推进国家治理体系和治理能力现代化若干重大问题的决定》,《人民日报》2019年11月6日,第1版。
③ 《中共中央关于制定国民经济和社会发展第十四个五年规划和二〇三五年远景目标的建议》,《人民日报》2020年11月4日,第1版。
④ 《中共中央关于党的百年奋斗重大成就和历史经验的决议》,《人民日报》2021年11月17日,第1版。

值和社会价值的美好生活,这是马克思主义的价值取向,也是中国共产党的价值取向,更是人民对生活的深度渴望和价值诉求。因此,美好生活是21世纪马克思生活世界理论的时代命题和全新表达,是一个需要对其进行理论图式系统化"完型"和深入实践研究的重大现实课题。

二、研究的理论价值和现实意义

从理论价值看,马克思说"哲学不是世界之外的遐想",忽略生活世界的哲学社会科学范式比较注重发展思辨哲学,过分关注基于形而上学的理论研究,当把"现实的人"生存的生活世界视作平庸、琐细、无足轻重的,当个体性、多样性被抽象掉,哲学、科学、经济、政治等会变成没有内在价值规约和文化规定性的冰冷、机械的自然领域,导致形成无主体的、空泛的、大而化之的理论结论。只有让抽象的理性回到具体的生活,切中感性直观的生活,把握生活,理论才不会沦为仅仅是构想出来的形而上学的"幽灵",成为脱离具体真实的世界"越来越稀薄的抽象",才能避免仅仅达成"最简单的规定",才能深入矛盾世界中进行多样性统一的、批判的,而非孤立的、静止的理论反思,以便为开启人的具体再现的现实世界创造条件。

马克思主义中国化的理论范式回归生活世界,不是关于世界的知识,而是观照、打量生活的方式,它剥开了生活世界的表象,以"实践"的视角从生活世界内在有机联系层面解读世界,这样才能保留住个体价值的丰富内涵和历史的多元差异,才能在中国现代化进程中为民众日常生活提供有价值的动力。生活世界是中国化马克思主义研究的源泉,对时代现实生活事件的解释力,建构当代中国语境的马克思生活世界理论图式,是马克思主义中国化理论走入生活、把握时代的理论自觉,也是以超越性维度走出生活、超越生活的方式。

从现实意义看,马克思恩格斯在《德意志意识形态》中,明确把"现实的生活生产"视为历史的基础,生活世界是具体的、历史的、现实的,如果只是追逐普遍性的宏大叙事,过分强调同质性和规律性的解释模式,没有微观的生活观照,可能导致排斥差异性、个别性和主体性,人就会只是一个工具性、手段性的存在。人的全面发展,需要人从生产的存在状态向生活状态的跃升。"实现人民对美好生活的向往"的核心目标和总体性战略安排,需要通过"改变世界"的实践逻辑使愿景变成真实的生活样式,这催生出基于生活世界变革生活样式的主体需要。

在数字技术革命使社会发生深刻变革的时代背景下,人类整体可能由工业文明时代进入信息文明(或者智能文明)时代,回看中国历史性地第一次全面解决数量巨大的贫困人口的脱贫难题,伴随着当今中国对经济高质量发展的要求,以及对修复生态、深入反腐败、缩小地区贫富差距等困扰当代中国人生活世界问题的攻坚克难,展望未来中国特色社会主义现代化强国目标的实现,需要以中国人民对美好生活的向往为出发点,从最新的生活经验出发,考察中国化马克思主义整体视域下美好生活建设道路的新发展、新形态和新内涵,马克思主义中国化时代化研究既不能回避生活也不曾远离生活。

第二节 主要文献与研究综述

一、理论生成溯源:关于马克思感性世界理论的研究

本文从美好生活所指向的生活世界出发研究当代中国社会,首先是要讨论、发现、辨识和呈现某种本真的、原初的感性生活基础的可能性,在马克思那里被称作人的"感性存在"和"感性活动",重心都是人的现实生

存的生活领域。

从国内研究看,近年来越来越多的学者把现实生活世界与马克思恩格斯的"感性世界"理论联系起来研究。大致分三类,如张文喜《简评早期马克思的感性概念及思想意蕴》①、李春敏《试论作为一种感性哲学的马克思哲学》②等侧重马克思感性世界理论界定的研究;谢翾《费尔巴哈感性哲学的再思考——兼论马克思与费尔巴哈的关系》③等侧重马克思感性世界理论的思想溯源研究;王国坛《近30年马克思主义哲学研究的逻辑进程——从物质本体论到马克思的感性思想》④、李天慧、陈永盛《历史唯物主义的三个现实域:现实的个人、现实的生产活动和现实的感性世界》⑤、郗戈《"感性世界"的重构与〈资本论〉的世界观》⑥等侧重研究关于马克思感性世界与哲学革命的关系。虽然没有直接与当下"美好生活"理念联系在一起,但夏淼《马克思的资本主义批判与共产主义理想——基于感性存在论的理论视角》⑦、吴晓明《形而上学的没落——马克思与费尔巴哈关系的当代解读》、叶晓璐《超感性世界的神话学及其末路——马克思存在论革命的当代阐释》从马克思回归感性生活世界、关注现实感性层面的角度阐析马克思哲学摆脱近代哲学主导框架,克服和超越现代形而上学实现哲学变革的性质和意义,其研究的范式和内容都对本文的立意

---

① 张文喜:《简评早期马克思的感性概念及思想意蕴》,《学术交流》2019年第1期。
② 李春敏:《试论作为一种感性哲学的马克思哲学》,《社会科学辑刊》2021年第3期。
③ 谢翾:《费尔巴哈感性哲学的再思考——兼论马克思与费尔巴哈的关系》,《现代哲学》2019年第2期。
④ 王国坛:《近30年马克思主义哲学研究的逻辑进程——从物质本体论到马克思的感性思想》,《哲学动态》2008年第7期。
⑤ 李天慧、陈永盛:《历史唯物主义的三个现实域:现实的个人、现实的生产活动和现实的感性世界》,《学术界》2017年第6期。
⑥ 郗戈:《"感性世界"的重构与〈资本论〉的世界观》,《哲学动态》2016年第3期。
⑦ 夏淼、李新潮:《马克思的资本主义批判与共产主义理想——基于感性存在论的理论视角》,《科学社会主义》2017年第4期。

提供很好的参考和借鉴。

可以看出,马克思虽未直接提出生活世界概念,但马克思哲学革命性变革的突出特征是突破"云霄中的王国"即神学、理性思辨领域的牢笼,回归感性世界、生活世界,发现了"不是意识决定生活,而是生活决定意识"。① 因此,需要对美好生活命题进行理论溯源,梳理出马克思恩格斯经典著作中关于生活世界相关理论的学理脉络。为深入理解马克思主义"重新发现"生活世界的革命作用和现实意义,需要从历史唯物主义最基本的理论模型入手:

马克思对生活世界的回归,是从费尔巴哈关于两重世界的区分,即宗教世界与世俗世界的区分中得到启发的。《关于费尔巴哈的提纲》中马克思指出,费尔巴哈"做的工作是把宗教世界归结于它的世俗基础。但是,世俗基础使自己从自身中分离出去,并在云霄中固定为一个独立王国,这一事实,只能用这个世俗基础的自我分裂和自我矛盾来说明"②。这句话揭示了世俗基础怎么从自身分离出去变成一个独立的王国,变成宗教的世界。正如《〈黑格尔法哲学批判〉导言》中写道:"宗教里的苦难既是现实的苦难的表现,又是对这种现实的苦难的抗议。宗教是被压迫生灵的叹息,是无情世界的情感,正像它是无精神活力的制度的精神一样。宗教是人民的鸦片。"③宗教世界是对世俗世界的完形,理想型的、完备的理论建构,世俗世界充满苦难、斗争,宗教通过建构"云霄中的独立王国",让人们可以不顾世俗世界的苦难,在宗教世界中安顿自己的心灵,并认为宗教描述的世界才是真理,宗教可以贬斥和批判世俗世界的罪恶、痛苦。但宗教对现实世界的补充和慰藉,反过来也是对世俗世界的辩护,因为宗教世界给的出路,不是使世俗世界本身发生革命,产生社会进步,它告诉人

---

① 《马克思恩格斯文集》第1卷,北京:人民出版社,2009年,第525页。
② 《马克思恩格斯文集》第1卷,北京:人民出版社,2009年,第504页。
③ 《马克思恩格斯文集》第1卷,北京:人民出版社,2009年,第4页。

们世俗世界的苦难要到彼岸去解决,提供的出路是唯有通过信靠,获得心灵上的个体救赎。所以在马克思看来,宗教是对现实世界的辩护,因为它使现实的苦难可以承受,但同时这也是某种程度的"厌世""弃世",不能触动现实世界,不是真正的出路。

两重世界的区分,包含着最基本的理论模型,每个时代,都会对自己的生活进行理念上的完形,变成意识形态。古代世界神学家为古代世界建构了一个宗教世界,作为它的镜像;资产阶级的思想家把世俗世界,就是生活世界,表达为理论、哲学系统,其实是在思辨哲学中重新构建了一个"云霄中的王国",跟宗教世界有着同样性质。从这个意义上,现代思想家相当于古代世界神学家。马克思为思辨的王国做了世俗的说明,因此在《德意志意识形态》中说"思辨终止的地方,即在现实生活面前,正是描述人们的实践活动和实际发展过程的真正实证科学开始的地方"[①]。这意味着世俗基础、感性世界就是生活世界。生活世界是日常的、琐碎的、感性的、世俗的,但有它的真理性,感性的力量能够让意识形态理论工作的虚假性暴露,对精神上的敏感、衰落、无力有治愈的作用。

马克思通过意识形态批判、通过经济基础与上层建筑区分,尤其是早期对感性活动的论述,对"人之为人"本质的论述,从生产关系运动的基础领域——商品、货币、资本,这些交往方式运动、生产关系的研究,解剖资本主义时代形势。当时被政治经济学家当作科学规律来研究的东西,在马克思看来是时代的自我建构,是资本主义时代的游戏规则,不是真正的生活基础,真正的生活基础是感性的领域、使用价值的领域、生活世界的领域。在《德意志意识形态》中,马克思恩格斯以"现存世界""现实世界""现实的现存世界""现存的感性世界""周围的感性世界"等提法指代生活世界,从这个维度,马克思指正资产阶级的意识形态是虚假的,这些形

[①]《马克思恩格斯文集》第1卷,北京:人民出版社,2009年,第526页。

态本身在现代性学科中,会试图建构一个自足的理论系统,如经济学、政治学、法哲学,这是在资产阶级或现代性框架下理念上的自我完形。马克思力图破除的是意识形态世界对生活世界的"非法"替代和侵占,马克思回归的生活世界,是使理性世界得以可能的前概念、前逻辑、前反思的本真感性世界。也是因为马克思对观念世界的"剥离",对生活世界的"重新发现",完成了对资本主义现代生活异化的批判。

二、生活世界理论在西方:关于现象学中的生活世界概念和西方马克思主义日常生活批判理论的研究

马克思的哲学革命开启了生存论的地平线后,20世纪现代哲学重大创新之一是把生活世界从形而上学世界(超感性领域)拉回到感性世界的地平线上,使理性自觉地向生活世界回归,最具代表性的是胡塞尔(Edmund Hussel)明确提出"生活世界"概念和西方马克思主义学者的日常生活批判理论,这些理论总体都是西方学者在新的社会历史条件下,对现代生活方式和生活样态的审视,对背后资本主义现代性的批判。

这为中国现代化生活构建提供了一个理论观照坐标,因为我们也是在现代性的框架下展开美好生活创建的,我们既有现代化的任务,又要警惕现代性的弊病,所以需要吸取率先遭遇现代性危机的西方世界的经验教训,同时以中国特色社会主义文明新形态下的美好生活建构,对其理论做马克思主义中国化时代化视角的转换,以超越其生活世界相关理论和实践的局限性。

1. 关于现象学中的生活世界概念

从抽象世界向生活世界的返回,是现代哲学的总体趋向,对此进行展开的现象学代表人物胡塞尔,以生活世界的转向告别"因思致在"的笛卡尔主义,在《欧洲科学危机和超验现象学》中胡塞尔直接提出生活世界概

念,将其定义为"最为重要的值得重视的世界,是早在伽利略那里就以数学的方式构成的理念存有的世界开始偷偷摸摸地取代了作为唯一实在的、通过知觉实际地被给予的、被经验到并能被经验到的世界,即我们的日常世界"①。

由此可以看出,胡塞尔所定义的生活世界与马克思回归的社会历史性的"生活世界"是有本质差异的。生活世界对胡塞尔来说是经验直观的自然,是每个人具体和特殊的活动环境,也是人生命存在的总体性世界,是人的目的、生活意义和存在价值的来源。但返回生活世界不是胡塞尔的目的,他在科学世界、生活世界、纯粹意识的先验世界的划分中,认为处于模型最顶层的是科学世界,生活世界处于中间位置,是科学的基础,位于最下方位置的是纯粹意识的先验世界,是生活世界的基础。他的理论任务是论证纯粹意识的原初性和普遍性,而非论证生活世界的原初性。胡塞尔的底层逻辑仍然是纯粹意识的先验还原论。

2.关于西方马克思主义日常生活批判理论的研究

20世纪西方哲学与科学遭遇了普遍危机,这种危机表现为原初的日常生活世界逐步分化出非日常世界,诸如科学哲学、政治经济、艺术等门类体系,理性思考的重心和人类历史发展的侧重都向非日常生活倾斜。日常生活批判理论关注的焦点是资本侵入下生活世界的异化如何克服,生活世界中人的存在状态和意义。

"日常生活"(everyday life)在西方马克思主义的语境中,不能简单等同于习惯性的、常规性的每日生活(daily life),"日常的"多等同于流俗的、异化的、非本真的,反映的是资本主义条件下陈腐、琐细、干巴巴日复一日的生活品质,总体是一个被西方现代性所异化了的世界图景。东欧新马

---

① [德]胡塞尔:《欧洲科学危机和超验现象学》,张庆熊译,上海译文出版社,1988年,第58页。

克思主义学者科西克(Karel Kosik)在《具体的辩证法》中认为,日常世界沦为了"伪具体的世界"①,在赫勒(Agnes Heller)的代表作《日常生活》中,她认为日常生活是"一个自在的、未分化的类本质对象化领域"②,作为卢卡奇(Gyorgy Lukács)弟子,她承继了其师的日常生活本体论,认为日常生活的"自然态度"抑制了活动主体的创造性。而波德里亚(Jean Baudrillard)的老师、有"日常生活批判之父"之称的列斐伏尔(Henri Lefebvre)认为,官僚社会下的符号消费,已让日常生活丧失了主体性地位,成为全面被占据和异化的客体。

  国内以衣俊卿、丁立群和黑龙江大学学者们为代表的东欧新马克思主义研究,捕捉到了卢卡奇、赫勒等学者的马克思主义研究转向,此研究团队出版了"日常生活批判丛书",如丁立群主编的《现代化与日常生活批判理论研究》③认为日常生活是生活世界理论研究的重要视点,在中国语境中对日常生活批判理论进行了思考阐释,探讨了日常生活批判理论与中国现代化的有机结合。衣俊卿在主编的《社会历史理论的微观视域》中指出"日常生活批判是一种真正植根于生活世界的文化哲学"④,认为日常生活批判可以丰富对人类文明建设和人类社会进步的内在机制的理解。李小娟的《走向中国的日常生活批判》综述了日常生活批判理论在国内的研究进展情况;杨威的《中国传统日常生活世界的文化透视》⑤对传统日常生活结构特点进行了分析,重点阐析了传统日常生活世界的人情社会和文化。

  由此可以总结出,他们从依据传统的经济政治结构阐释社会发展转为强调历史进程的总体性,认为这对中国现代化进程有着现实启发性,认

---

① [捷]科西克:《具体的辩证法——关于人与世界问题的研究》,傅小平译,社会科学文献出版社,1989年,第2页。
② [匈]阿格妮丝·赫勒:《日常生活》,衣俊卿译,重庆:重庆出版社,1990年,第125页。
③ 丁立群编:《现代化与日常生活批判理论研究》,北京:社会科学文献出版社,2019年。
④ 衣俊卿编:《社会历史理论的微观视域》,北京:中央编译出版社,2011年。
⑤ 杨威:《中国传统日常生活世界的文化透视》,北京:人民出版社,2005年。

为中国现代化生成遭遇了来自异常发达的日常生活世界的微观权力和文化阻滞,提出对传统日常生活批判是与人的现代化同一过程的,从"社会历史理论的微观视域"指明日常生活批判激荡生发着社会变革。总体来说,一系列研究成果着重分析了中国现代化建设的阻力,尤其是来自中国传统的日常生活结构的影响。但他们的研究范式是从文化哲学入手的,在基本理论定位和本质精神上是文化批判理论,这与本文对日常生活批判理论所做的马克思主义中国化的解读有较大不同,因此,本文需要对日常生活批判理论做马克思主义中国化视角的时代化转换。

如何看待现代西方的"日常生活批判理论",如何评价法国、东欧、德国(如法兰克福学派)、英国(如伯明翰学派)等思想家们的现代性诊断?本文确立了马克思生活世界理论图景、思想路径后,着重从两方面对西方马克思主义日常生活理论进行批判性解剖分析,一方面,描述日常生活理论对资本主义现代性异化方面的批评价值,日常生活批判理论着重揭示了随着后工业社会异化进一步发展、深入,被颠倒过来的意识形态对这个世界的理解渗透、支配着日常生活,塑造着实际生活过程和生活观念。另一方面,发掘出西马理论家对异化现象揭示的同时,背后对生活基础的内部诉求是什么,试图描述的生活基础本体是什么,因为其中包含着去瓦解异化现象的可能性、社会革命的可能性。并指出其根本性局限在于他们无法跳脱西方现代性本身,西方现代性的展开方式有它的局限性。因此本文没有照搬或移植西马日常生活批判的理论范式,而是对日常生活批判理论在当代中国现实生活世界中做中国语境的阐释、发展和完善。

晚近资产阶级社会以来,工业化和现代性出现新的进展、新的情况变化,西方社会异化的程度比原来更加深刻,触角更深入,方方面面都被资本的力量和异化的原则所支配,被颠倒过来的意识形态对这个世界的理解所渗透。现代性作为现代人类社会一种基本生存状态和生存方式是无法回避的重大理论和现实课题。

卢卡奇在《关于社会存在的本体论》①中认为资本主义异化随着现代性的新进展已产生了新的形式，表现为对日常生活的普遍控制，进而批判了西方现代性的异化表现。他把物化理解为合理化，将日常生活提高到资产阶级意识形态"本体"的地位，认为它才是科学和艺术的根源，同时"异化和反异化的斗争都在日常生活中进行"，但他没有诉诸生产范式。

赫勒认为个体通过再生产出个人自身后，又构筑奠基了社会再生产，因而进一步能"塑造他的世界"，"个体再生产要素的集合"就是日常生活，她定义下的日常生活兼具自然和社会两个视角，充分运用阐发了马克思的类本质和对象化范畴。也因此她对日常生活的分析集中在培养个体的自由自觉性上，她认为个体只有持续的客观化、再创造，才能实现自由个性，这一过程通过劳动来体现。但哈贝马斯认为，这种生产范式把实践限定为劳动与产品制造，忽略了主体间通过对话和商谈进行的实践活动。

法兰克福学派没有系统论述日常生活，但他们遵循马克思异化理论，展开了直指日常生存的技术理性批判②[马尔库塞(Marcuse)]、大众文化批判③[霍克海默(Max Horkheimer)、阿多诺(Theodor Wiesengrund Adorno)]等，这反映了批判方式从宏大叙事转向生活反思。如马尔库塞要把价值和艺术整合到技术理性之中，对技术理性的奴役进行改造，呼唤一种新的对感性的"生活艺术"开放的全新理性。哈贝马斯(Jurgen Habermas)的现代性理论也聚焦于如何重构合理的生活世界，用"系统对生活世界的指引"④，

---

① [匈]卢卡奇：《关于社会存在的本体论》，白锡堃、张西平、李秋零等译，重庆：重庆出版社，1993年。
② [美]马尔库塞：《单向度的人——发达工业社会意识形态研究》，刘继译，上海：译文出版社，1989年。
③ [德]霍克海默、阿多诺：《启蒙辩证法——哲学断片》，渠敬东、曹卫东译，上海：上海人民出版社，2006年。
④ [德]哈贝马斯：《合法性危机》，曹卫东、刘北成译，上海：上海人民出版社，2000年，第6页。

定义出系统（上层架构）和生活世界，比如资产阶级会有一整套对生活理念化的产物，在政治上建构自由、民主、平等基本理念，在哈贝马斯看来这些属于系统、上层建筑，看起来是独立自主、有内在规律、完整自洽的系统，其实是对世界理想化的表达。这套系统中有矛盾冲突，但都不是致命的，可自我修复，不断完善，如每次经济危机、金融危机后都迎来更强大的系统性重建。

列斐伏尔三部《日常生活批判》①写作时间跨度达20多年（1958—1981），前期他主张诉诸酒神狄奥尼索斯身体主体式的反抗（古希腊狂欢场面的节日想象），提出"瞬间的星丛"，将日常生活节日化，以"瞬间"拯救日常生活，以让人成为全面的人。他晚年的城市哲学与空间生产理论认为，工业化进程和城市化拓展，资本主义已进展到以抽象空间进行统治的阶段，他由之前的乡村社会日常生活研究转而聚焦资本主义都市空间研究，代表着日常生活批判的空间化转向。

从整体看，日常生活批判理论可以分为两类，一类侧重现实的生活批判，一类侧重未来的生活建构。从侧重批判路径看，有列斐伏尔日常生活批判的空间化转向研究；有马尔库塞揭示的"技术统治下的生活"，导致单向度的人和社会的问题；有波德里亚揭示的"消费生活异化"②，从商品拜物教到符号拜物教的问题；有居伊·德波分析的"景观统治生活"③；有吉登斯（Anthony Giddens）揭示的现代性后果之社会生活危机与生活政治问题④，还有法兰克福学派哈贝马斯研究的"生活殖民化"问题。

从侧重建构的路径看，有赫勒提出的人道主义价值追求的日常生活理论，有科西克的"人类革命－批判实践"的问题，有卢卡奇论证的"日常

---

① ［德］亨利·列斐伏尔：《日常生活批判》，叶齐茂、倪晓晖译，北京：社会科学文献出版社，2018年。
② ［法］让·波德里亚：《消费社会》，刘成富、全志钢译，南京：南京大学出版社，2000年。
③ ［法］居伊·德波：《景观社会》，王昭风译，南京：南京大学出版社，2006年。
④ ［英］安东尼·吉登斯：《现代性的后果》，田禾译，南京：译林出版社，2011年。

生活本体论"理论,有以雷蒙·威廉斯为代表的伯明翰学派"文化是一种整体的生活方式"①的文化研究范式。

日常生活批判理论最初是西方马克思主义学者把哲学研究转向日常生活领域进而提出的关于生活世界的构想。实现中国式现代化的美好生活,势必需要对中国日常生活世界进行批判性分析和建构性变革,但西马日常生活批判理论揭示的是西方现代性的危机和弊端,不能移植照搬照用,因此,本文批判地借鉴西马关于日常生活研究的视角,致力于把握中国日常生活世界的历史方位和社会坐标,以中西现代化进程现代性特征和日常生活的历史演变对比分析为参照,目的是探求中国日常生活世界变革乃至重建的方向。

三、生活世界理论的中国化:关于新型现代性与新时代美好生活建构的理论研究

自乔舒亚·库珀·雷默(Joshua Cooper Ramo)提出"北京共识"②后,"中国模式""中国路径""中国经验""中国道路"的研究开始兴起。党的十九大后,学术界有了把中国道路与新型现代性联系起来的研究,如陈立新《中国经验与现代性的拓展》③认为,要在传统的现代化表达中确立社会发展新路、在中国与西方文化博弈中建构新型现代性、在人文与科学的张力中提炼中国的新型现代性,同时建构美好生活。

卢德友、杨士喜《"中国道路"与新型现代性构建》④中认为,中国道路

---

① [英]雷蒙德·威廉斯:《文化与社会》,吴松江、张文定译,北京:北大出版社,1991年。
② 刘庆军、郭文亮:《从"北京共识"到"中国模式"——改革开放以来海外学者对"中国道路"的研究进展》,《社会主义研究》2019年第2期。
③ 陈立新:《中国经验与现代性的拓展》,《社会科学辑刊》2019年第2期。
④ 卢德友、杨士喜:《"中国道路"与新型现代性构建》,《天津社会科学》2019年第2期。

是具体历史处境中的命运抗争,开启了建构新型现代性的历史实践,在现实层面突破了西方一元论现代性范式,成为新型现代性探索的范例。任平、郭一丁《论新现代性的中国道路与中国逻辑》①指出,新现代性道路的特征表现为领导力量是中国共产党,主导方向是属于中国特色社会主义的,其本质向度体现在以人民为中心、以人民为宗旨,超越以至替代"经典现代性",而这种"旧"现代性表征为人与人的全面异化、阶级对抗,被资本逻辑贯穿。共建共享共同富裕是根本区别于资本现代性道路的新型现代性发展道路。闫方洁《"中国梦"与"美好生活"》②中认为,现代性意识突出表现为对生活世界的重视,但现代性的困境也表现为"去超越化""去公共化"的精神悖论,美好生活的论述是对凡俗性和超越性的辩证把握。

吴晓明《马克思主义中国化与新文明类型的可能性》③一文中,前瞻性地指出以中国的现代化事业展现的世界历史意义,正开启着超越资本主义文明的新文明类型,它与西方现代性的指导思想和价值定向区别在于中国化马克思主义的指导,和中国特色社会主义的道路前进方向。姜佑福《共产主义的根本旨趣与中国特色社会主义的历史使命》中"与黑格尔'从意识出发,把意识看作是有生命的个人'不同,马克思恩格斯要求'从现实的、有生命的个人本身出发,把意识仅仅看作是他们的意识',以'描述人们实践活动和实际发展过程的真正的实证科学'"以及"共产主义作为无产阶级的'感性意识'及其理论表达,正是马克思主义世界观和历史观的核心所在"④,为本文将新时代美好生活的样态、内涵和价值的释义

---

① 任平、郭一丁:《论新现代性的中国道路与中国逻辑——对五四运动以来百年历史的现代性审思》,《江苏社会科学》2019 年第 2 期。
② 闫方洁:《"中国梦"与"美好生活":现代性语境下主流意识形态话语体系的创新》,《马克思主义与现实》2018 年第 3 期。
③ 吴晓明:《马克思主义中国化与新文明类型的可能性》,《哲学研究》2019 年第 7 期。
④ 姜佑福:《共产主义的根本旨趣与中国特色社会主义的历史使命》,《东南学术》2019 年第 1 期。

与新型现代性的社会历史范畴统一起来的理论框架提供了很好的启发。

学术界对有关新时代美好生活建构的相关研究自党的十九大后兴起,随着"中国式现代化"的正式提出才逐渐增多,总体来讲仍处于初始阶段,梳理下来主要分布在以下四个方面:

一是关于美好生活理念的生成基础研究,如李铭、汤书昆《马克思生活哲学视域下的"美好生活方式"》①认为"美好生活"这种生活理念以马克思生活哲学为哲学基础,文章认为我国日常生活领域存在生活方式和生活状态的异化问题,集中体现在三个维度——人与自然、与社会、与自身的矛盾,需要从马克思生活哲学出发超越三大矛盾及其危机,构建人与自然层面绿色可持续的生活观、人与人层面诚信友好的生活观、人与自身层面自我成长的生活观,方能实现美好生活的目标。

二是关于美好生活理念涵盖的内容研究,如项久雨《新时代美好生活的样态变革及价值引领》②认为美好生活包含着生活样式、生活需要、生活理想等层面,美好生活是三者向高层次的跃迁。他从"人民主体、矛盾转变、劳动共享、理想同构"四方面阐析了美好生活的中国样态变革,认为美好生活是超越和扬弃现代性的生活样式。

三是关于美好生活的实现路径研究,一类研究侧重从顶层设计分析解决制约美好生活实现的途径,如李腾凯在《实践逻辑:习近平建构美好生活理想的方法论》③中认为统筹推进"五位一体"总体布局为美好生活谋划了实现路径;谢加书《美好生活建设的中国道路》以及项久雨的《新发展理念与美好生活》认为新发展理念为解决不平衡不充分发展指明了方

---

① 李铭、汤书昆:《马克思生活哲学视域下的"美好生活方式"》,《学术界》2018 年第 11 期。
② 项久雨:《新时代美好生活的样态变革及价值引领》,《中国社会科学》2019 年第 11 期。
③ 李腾凯:《实践逻辑:习近平建构美好生活理想的方法论》,《广西社会科学》2019 年第 10 期。

向,引领美好生活的实现。还有一类研究侧重从具体路径探讨美好生活的实践,如袁祖社、马瑞科的《劳动认同与美好生活的实践理性根基》①从劳动叙事的角度尝试去解决"生活危机",劳动与感性生活在历史唯物主义中是互为联系相互支撑的,而资本逻辑下,生活逻辑与劳动逻辑断裂,文章从"劳动让生活更美好"的视角,提出劳动认同、劳动正义、劳动幸福对实现美好生活的重要性。

四是关于美好生活理念的意义和价值研究,如张三元《论美好生活的价值之核》②认为美好生活是内蕴一定价值观内核的生活方式,美好生活价值观应由美好需要观、美好劳动观、美好消费观和美好利益观构成。邱耕田、王丹的《美好生活的哲学审视》③抓住主体在当下客观生活状态和对生活主观感受评价的角度指出,注重满足人的自然属性需要和社会属性需要的生活是成为美好生活的要件,美好生活应让人获得全面而自由的发展,体验到人之为人的意义和价值。

综上,可以看到对新型现代性与美好生活关联的研究还处于起步阶段,还略显单薄。首先,关于美好生活内涵的研究还缺少全面系统的分析,对社会矛盾转化下美好生活的内涵界定还需廓清;第二,对美好生活理论生成的马克思主义溯源还不够,比较少有从马克思感性生活理论的基本问题来阐释美好生活建构的重点问题。第三,比较少有研究将马克思主义中国化历程中中国共产党人植根生活世界直面生活的实践成就梳理出来。第四,我们是在现代性框架下展开的美好生活建构,也会遇到现代性的负面效果,日常生活中也会出现现代性的病症,但较少有研究从日

---

① 马瑞科、袁祖社:《劳动认同与美好生活的实践理性根基——基于马克思人学价值论的考察》,《中国矿业大学学报》(社会科学版),2022年2月26日,http://kns.cnki.net/kcms/detail/32.1593.c.20211025.1658.006.html。
② 张三元:《论美好生活的价值之核》,《宁夏社会科学》2021年第4期。
③ 邱耕田、王丹:《美好生活的哲学审视》,《北京大学学报》(哲学社会科学版)2019年第1期。

常生活变革的角度去研究美好生活应建构的内容。因此,本文将重点就中国式现代化道路下美好生活建构所面对的挑战,如何更好地转换现代化成果,同时又防止在关键的地方堕入现代性窠臼做出分析,进而以历史唯物主义的视角界定美好生活的内涵,并直面日常生活本身探讨美好生活应建构的内容,以及从制度化层面探究美好生活建构途径等问题进行系统研究。

第三节 研究内容与研究方法

一、概念界定:生活世界、日常生活与美好生活的逻辑关系

本文以马克思历史唯物主义视角,在资本主义现代性和中国式现代化新道路的宏观背景下,对生活世界、日常生活批判理论进行马克思主义中国化的阐析,从理论渊源、发展形态、意义旨趣方面进行分析梳理,一是为了填补和构建马克思主义中国化生活世界理论图式的分支领域;二是为正在进行的以美好生活建构为旨归的中国特色社会主义现代化生活进程提供必要的理论参数。综合学界观点,对文中重要概念的逻辑关系作以下界定:

生活世界:从范畴来说,不同于胡塞尔对生活世界纯粹意识先验世界的界定,生活不是外在于历史、高悬于历史之物,生活也不是人之外的过程,而是人活动范围内的东西,人在其中生活和交往的世界。它既是人存在和活动的空间或边界,是一种物理性的实存,也是一种生生不息的流动状态,是一个多向度的统一体,随着人实践活动和认识活动而扩大或紧缩,其中呈现的斑斓、驳杂的色彩和图景形塑着我们的现实世界,它的核心是人,是人类自身创造性劳动展开的历史过程和结果。现实的生活世

界是可经验的实在是日常的,作为边缘域而存在的生活世界是可直观的视域,是在不断生成中的境域性的。生活世界是变动的、敞开的,具有生产性和成长性,它是历史性的概念,是个体与群体,历史与文化传统的累积。生活世界能够把人生问题和社会问题联通,人生问题通过生活世界意义的建构来解决,社会问题通过生活态度、方式、习惯的形塑、转化来解决。同时生活世界也具有超越性,因为虽然生活世界是可经验的,但没有人可以经验全部生活世界,所以它超越着个人的经验。生活世界有着意义的本源性,借助生活世界才能理解"科学知识的意义、客观事物的意义"。① 从外延来说包含日常生活和非日常生活。从内涵上来说,生活是人的自我生成过程和展开方式。从马克思主义的理论旨归来看,共产主义自由而全面的人,就是在生活展开和生产创造中动态生成的不断丰富的个人。

日常生活:研究生活世界离不开理解和把握日常生活,尤其是日常生活的异化状态。日常生活是人类繁衍的主要场域,指自在的对象化活动领域,是劳动力生产和再生产的场域。日常生活需求是历史前进的动力,是马克思主义发生、发展的动力。根据人与自然、与他人、与自身的关系,包含日常消费活动、日常交往活动和日常观念活动等范围。与之对应的是非日常生活,包含精神生产和制度组织下社会活动两大基本领域,指自为的对象化活动领域。精神生产领域指科学哲学、艺术宗教等自觉的充满反思性的非日常思维领域;大规模的有组织的社会活动领域指经济政治、技术生产、管理经营、公共事务等交往活动领域,与日常生活互为渗透相互作用。

美好生活:美好生活是人对于现代化生活状态和现代化生活方式的高质量追求,蕴含着马克思主义价值立场,是生命存在和价值实现的现实确证和对象化过程。美好生活建构面临的挑战既有来自不平衡不充分发

---

① 顾红亮:《儒家生活世界》,上海人民出版社,2016年,第42页。

展的生产力水平制约,更是来自现代性弊病层面的挑战,如消费主义、技术理性、资本逻辑等,所以为了超越这种局限性,美好生活需在共建共享共富的中国式现代化道路(必由之路)下实现。美好生活体现了合目的性与合规律性的发展观,具有人民性与正义性,孕育着人类文明新形态的终极意蕴。随着中国道路的实践发展、中国特色社会主义跨入新时代、中国式现代化进程中的生活叙事的范式转型,"美好生活"相关理论研究是对日常生活批判理论时代化、中国化的发展,是面向中国语境的生活世界理论,是21世纪马克思生活世界理论新探索新发展。

二、研究范围界定

1. 对美好生活理论生成进行马克思主义溯源,着重研究马克思的感性世界理论的深刻现实启示。马克思毕生致力于打破理性传统的抽象思辨,建立真正属人的感性世界,马克思对感性基础的探索,是回归现实生活世界建构"形而上学之后"的新哲学的基石,要切近马克思讲的感性生活领域的基本问题才是构建美好生活需要重点关注的问题,才是实质性构建美好生活。

2. 对美好生活的历史生成和实践逻辑进行研究,在马克思主义中国化历程中,中国共产党人关注人民现实生活问题,将马克思感性世界理论或说生活世界理论由愿景变成现实,所以研究中要将中国共产党领导中国人民植根生活世界的实践和对美好生活的组织引领梳理总结出来。

3. 阐析美好生活的命题何以是21世纪马克思生活世界理论的时代命题和全新表达。美好生活是在现代性处境当中的,要展开对当下中国道路发展路径的解剖,中国现代性的表现、现代性异化,不是西方简单的翻版,不是"标准的""规范的"西方现代性建构过程——开始就注入了共产党、社会主义、马克思主义因素,这对我们这条道路有定向作用。同西方现代性方向不一样，这条道路本身是遵循马克思主义方向的，潜在包含着对感性基础、生活世界的重视。现在到了更要面对生活实际的新时代，我们具有更加自如把生活展现出来的条件——在生活世界展开的代价更小，异化的力量更弱——这种条件除了马克思主义指导、中国共产党的领导，还包括对中华优秀传统文化的创造性转化、创新性发展，某种程度上我们这个时代用来克服现代性的思想资源、做法，内含着对古代的某种继承，但绝不是简单复古，而是经过了现代性中介、螺旋式上升、黑格尔所讲的"正反合"、对古典时代精神财富的重新占有，是将马克思主义基本原理同中国具体实际相结合、同中华优秀传统文化相结合的复合过程。

4. 正视美好生活建构所遭逢的挑战，对当下中国的现代化进程和现代性境况做面向生活世界的总体判断，以现代性与美好生活建构的辩证，丰富推进新时代美好生活理念体系。这里将西方马克思主义学者日常生活批判理论作为一个思想资源，用在理解我们构建中国特色社会主义美好生活过程中，一方面要警惕西方现代性的问题，确立社会主义价值导向正面的目标，但另一方面我们又在现代性框架下展开美好生活建设，也会遭逢现代性的负面效果，出现现代性的病症，这时日常生活批判理论对我们就有了参考借鉴意义，它在正反两方面生成一个理论坐标帮我们理解美好生活。

5. 给出中国式现代化进程中美好生活建构的对策，对照马克思感性世界理论对生活世界的观照，为今日中国式现代化的实践进程建构的逻辑通路，分析美好生活建构应涵盖的内容，这包括从人与自然关系维度变革消费生活、从人与人关系维度变革日常交往生活、从人与自身关系维度变革思维活动和观念生活。并进一步探究美好生活建构实现的途径，这包括解决生活主体层面的现代化，即"现实的人"的现代化；解决内生动力问题，即对社会主义核心价值观认同和践行；解决制度体系的保障和确保生活建构的中国特色社会主义方向问题，即治理体系和治理能力的现代化；还要解决美好生活的实践理性根基问题，即劳动实践的正义性。

三、理论框架：马克思主义中国化生活世界理论图式

第一部分深入挖掘马克思学说中的感性世界理论资源，探析美好生活总体布局的理论逻辑。马克思为思辨的王国做了世俗的说明，《德意志意识形态》中指明"思辨终止的地方，在现实生活面前，正是描述人们的实践活动和实际发展过程的真正实证科学开始的地方"①。这句话意味着世俗基础、感性世界就是生活世界。生活世界是日常的、琐碎的、感性的、世俗的，但有它的真理性，感性的力量能够让意识形态理论工作的虚假性暴露，对精神上的敏感、衰落、无力有治愈的作用。

第二部分梳理洞悉美好生活总体布局的历史逻辑。生活世界是具体的历史的，人总是在给定的条件下以属于他那个时代的方式生活着。新民主主义革命时期、社会主义革命和建设时期、改革开放时期和中国特色社会主义新时代，从各时期的历史性成就中，我们可以看到中国共产党在不同时代中均致力于改善和提升人民生活水平和质量，并在各个历史时期在远大理想和国情现实之间确立不同的最低纲领，根据历史条件、时代背景、社会主要矛盾的变化，统筹兼顾，制定实事求是的奋斗目标，积极回应不同时期人民群众的生活需要，马克思主义对感性世界、对现实生活的论析成为和民族、时代发展相结合的现实实践。

第三部分美好生活是中国化马克思生活世界理论的时代化言说和实践生成，所以这部分从社会主义矛盾转化定位生活新标准的唯物史观视角，界定美好生活的内涵。生活的基本矛盾是实践的内在动力，要以矛盾的方法论看待美好生活内涵，从而指出美好生活的主体形式、内容结构、价值属性是辩证统一的矛盾存在。并论证中国以无产阶级意识形态为主导，在共

---

① 《马克思恩格斯文集》第 1 卷，北京：人民出版社，2009 年，第 526 页。

产党的领导下自觉地对现代性异化、资本逻辑的部分进行节制、批判,同时,从"发展域"到强调"生活域",其中蕴含着对生活世界的呵护。可以说,新时代美好生活理念是21世纪马克思生活世界理论的时代命题和全新表达。

第四部分梳理出美好生活建构遇到的现代性挑战和回应,分析中国道路体现的新型现代性与西方语境现代性的关联之处,更重要的是讲明中国现代化道路内蕴的新型现代性对资本主义现代性的超越。批判地借鉴西方马克思主义日常生活理论范式的积极思想资源,发掘出西马理论家对生活基础的内部诉求是什么,试图描述的生活基础本体是什么,因为其中包含着瓦解异化现象的可能性、社会革命的可能性,并跳出西方现代性展开方式的局限,进而形成植根于中国马克思主义和中国社会历史的生活世界理论视角。

第五部分,不同时代有不同样态的日常生活和不同经验的生活主体,通过分析全面建设社会主义现代化国家进程中,对美好生活的追求和定位指向,通过统一于历史进程中的实践行动,化解事实序列的实然状态与价值序列的应然状态之间的张力,一方面分析新时代中国日常生活的异化表现,另一方面还原日常生活的价值本色和积极意蕴,激活日常生活的意义,并呼应全文第一部分马克思主义整体视域中的逻辑线索,从人与自然对象性关系维度、人与人的社会交往维度、人与自身的关系维度分析中国式现代化进程中美好生活建构内容,进而阐释指向美好生活建构的生活主体、生活的精神维度、生活的制度维度以及生活的实践维度应做的变革和建构,探求中国化马克思主义美好生活建设道路的具体战略和实现路径。

四、研究方法

1. 以问题为导向的方法

全部的研究都紧密围绕着现代性与美好生活这个新时代马克思主义

中国化的生活世界理论的辩证核心问题展开,如西方现代性形塑的生活世界与新时代中国特色社会主义道路下的生活理想、生活样式的异同辨析问题,各研究部分都是核心问题的内在组成部分,这可以保证研究主线明确,减少不必要的枝蔓。本文对生活世界理论的探讨非移植套用式研究,而是放到本土化时代化的中国日常生活世界的问题中,放到阻碍美好生活实现的矛盾问题中研究。

2. 以文本为依据的分析方法

本研究把生活世界理论变迁、美好生活的质的规定性都放在马克思历史唯物主义的基本原则和方法中总体把握,这就需要以历史唯物主义对马克思理论的感性基础、生活世界理论、西马日常生活批判理论的文本进行梳理、阐释,以求将他们对该问题的思考全面系统地反映出来。这些工作都要求立足于对大量经典文本的爬梳,紧扣对文本的归纳提炼。

3. 历史与逻辑相统一的方法

不仅从马克思所处时代、西方马克思主义学者的时代考察其生活世界,而且把美好生活建构的生活世界放在现代性演进长河中进行考察,从社会历史变迁和时代发展诉求中理解新时代中国社会主要矛盾的转化,这样才能更深刻理解中国现代化进程中"两个一百年"相交的节点提出美好生活理念在实践理性和价值取向上的深刻意义。

第四节　创新之处及研究难点

一、创新之处

1. 从学术思想来讲,本文以现代性为切入点,以美好生活建构为归旨重释马克思主义中国化生活世界理论,不局限于对各家各派思想的简单梳理，也不是对文件语言的挪用铺陈，而是对美好生活整体布局的理论逻辑、历史逻辑、实践逻辑做了马克思主义的解读。本文以历史唯物主义的立场、观点与方法理解中国式现代化道路下的美好生活，思考现代化与现代性关系的重构，探讨西方现代性与中国道路下的新型现代性所形成的和建构的不同的现代生活的制度、现代生活方式的内涵和样态。

2. 从研究视角看，中国现代化道路上提出美好生活理念，呈现出日常生活的现代理想，这意味着中国日常生活需要以美好生活为旨归进行变革，而日常生活的建构势必对应着非日常生活领域现代化的要求，本文将非日常领域如制度体系保障、顶层设计等战略引领嵌入日常生活的变革途径中，这样才能规避原子式个体实践无序的风险。日常生活层面的现实创造与非日常生活层面的宏观引领带动在美好生活实现路上的共通融合，意味着中国现代生活由"自发"需要转为理论"自觉"。本文将马克思主义中国化时代化的研究深入到生活世界变化的社会历史进程中，深入人民生活的实际境遇，直面当代中国生活条件、生活思维的巨大改变，立足生活世界的矛盾过程，富有现实意识、生活关怀和生活气息。

3. 从具体成果呈现看，通过美好生活的主体形式、内容结构、价值属性、历史逻辑、空间延伸研究，界定中国特色社会主义道路下所追求的美好生活的内涵，具有个体与群体的统一、绝对性和相对性的统一、物质与精神的统一、合规律性和合目的性的统一、民族性和世界性的统一的特征，彰显了对西方现代性的超越，具有一定的创新性。

二、研究难点

1. 中国式现代化的内涵与特征研究，美好生活的内涵与特征研究，把握美好生活总体布局政策演变背后的理论逻辑、历史逻辑和实践逻辑。

2. 唯物史观视域所开启的美好生活的现实道路是重新占有、驾驭资本逻辑,转向生活世界的动态过程。以人为中心的日常生活,是对人的生存境遇的关注、生命意义的探寻、生活纹理的触碰,但要避免人类中心主义和过分耽溺于感性生活的放纵。

3. 跳出对生活世界理论、日常生活批判理论只属于西方理论界的刻板印象,美好生活本身就是致力于生活世界的命题,其建构无法跳过日常生活的变革,内在必然蕴含着对中国现代性进程中日常生活面临问题和挑战的批判和超越,美好生活命题是马克思主义中国化时代化进程中对生活世界理论的本土化言说、整体性认识和自觉性把握。美好生活理念作为习近平新时代中国特色社会主义思想的重要组成部分,彰显了中国共产党带领中国人民变革生活、拓展生活新样态的实践积累,也反映了从实践"自发"到理论"自觉"对马克思感性世界理论、生活世界理论机理把握的时代飞跃。

第二章 回归生活世界：马克思实现哲学观变革的突破口

- 第一节 马克思回归生活世界的思想渊源
- 第二节 早期马克思感性世界理论与现代历史唯物主义的系统阐释
- 第三节 马克思回归生活世界的社会历史批判与现实启示

第二章 | 回归生活世界:马克思实现哲学观变革的突破口

本章的主旨是对新时代美好生活的思想源头进行马克思主义理论溯源。"人们的存在就是他们的现实生活过程"①,西方哲学在马克思之前的理性传统,无论是黑格尔把主观思想(主观唯心)的本质性导回到客观精神(客观唯心),还是费尔巴哈的旧唯物主义,都未能对现实的人生活的现实世界的本体给予科学的说明。马克思主义哲学根植于人类的生存状态,也最终指向人类生存状态,"社会生活在本质上是实践的。凡是把理论引向神秘主义方面去的神秘东西,都能在人的实践中以及对这个实践的理解中得到合理的解决"②。生活与实践内在统一于马克思主义视角下,生活的过程是人的类本质外化的过程,是人的实践活动过程;实践的基本动力是满足人类的生产和生活需求。社会生活本质上是实践的,生活是实践的现实展开,这为解释人类生活现象问题提供了新路径,超越了从纯粹精神角度解释生活现象的局限性。

马克思主义哲学的旨归是对现实生活进行揭示、批判和改造,传统西方哲学以本体论的研究为重镇,而马克思打破了形而上学的抽象研究,超越了对本体的争论,他把研究对象圈定在现实的个体,以及他们生活的现实世界。马克思对本体的认知有了突破性的创新,因为在他的研究中,现实的人的物质实践活动更接近于传统哲学对本体的追问。生活世界以社会—历史的方式展开,脱离这些活动本身的精神思辨,必然是脱离生活的形而上学。

---

① 《马克思恩格斯选集》第1卷,北京:人民出版社,1995年,第72页。
② 《马克思恩格斯选集》第1卷,北京:人民出版社,1995年,第18页。

第一节　马克思回归生活世界的思想渊源

《资本论》第二版的跋中马克思曾表明"我公开承认我是这位大思想家(指黑格尔)的学生"①。这"师徒"二位内在的联结点从本质上看,在于社会现实的发现。从二者思想肯定性的联系看,黑格尔在客观精神领域也是打破前人的研究范式,在客观思想扬弃主观思想的过程中,在历史性原则的视域下置入了社会生活的实体性内容,开辟了社会—历史的"现实"向度,建立起了与社会生活的思辨联系,因此恩格斯说黑格尔对主观意识的批判性超越是"新的唯物主义世界观的直接的理论前提"②。从二者思想否定性的联系看,马克思对黑格尔哲学批判的核心,恰恰在于黑格尔的客观唯心主义依然从根本上遮蔽了社会现实本身,卢卡奇也正是基于这个根本分歧点分析的"黑格尔和马克思是在现实本身上分道扬镳的"。③

一、黑格尔"精神历史"的抽象根基及对现实世界的遮蔽

黑格尔及一切唯心主义世界观的逻辑结构有个共同的特点,就是当它作为纯粹认识论和方法论时,也就是离开包括人的生活世界在内的现实物质世界去思辨时,它充分展现了理性精神自我展开的抽象思维过程。但当它遇到历史和社会现实时,现实的人的生活实践活动之外,一个意识的"外壳"罩住了感性自由,进而就会派生出超乎世界之上、超历史、超社会的意识结构"幽灵""怪影"。由此,有了恩格斯的"颠倒说"④,也正是从

---

① 《资本论》第 1 卷,北京:人民出版社,2004 年,第 22 页。
② 《马克思恩格斯选集》第 2 卷,北京:人民出版社,1995 年,第 42 页。
③ [匈]卢卡奇:《历史与阶级意识——关于马克思主义辩证法的研究》,杜章智、任立燕宏远译,北京:商务印书馆,2009 年,第 68 页。
④ 《马克思恩格斯选集》第 4 卷,北京:人民出版社,1995 年,第 243 页。

这个角度他论证了德国古典哲学为何需终结以及何以能终结,即把它"倒过来",剥去"神秘外壳",发现世俗世界和生活世界的合理内核,也就是关注无产者的生活解放、自主劳动及不合理制度改造等。

马克思认为《精神现象学》是"黑格尔全部哲学的真正的诞生地和秘密"。黑格尔吸收了费希特借引"道成肉身"的比喻,揭示真我下降到形体世界的现象的完备形象,比如法国对德国的耶拿战争时期,黑格尔把马背上的拿破仑比作"世界精神"在巡视全城,①1807年他与学生蔡尔曼的通信中写道"只有知识是唯一救星"。对黑格尔来说,《精神现象学》中聚焦精神自我显现的过程,认为寻求精神现象最终本质是抵达绝对意识,意识发展的最后目的是寻求绝对知识,他阐发了生活的本质是绝对精神。

黑格尔从直接意识这种最原初、最简单的精神现象开始,从主观精神,从自我意识出发,运用辩证法,把逻辑与历史相统一,现象与本质相统一,最后达到意识的形态最高阶段(如道德、伦理、艺术、宗教、哲学知识),即"绝对知识",来建立他的体系。黑格尔剖析的意识发展史,有五大阶段:前三个阶段属主观精神,分别是意识、自我意识、理性;第四阶段属客观精神即精神;第五阶段指向绝对精神。按照黑格尔对绝对精神的列举,包括绝对知识、艺术、宗教、哲学等环节。从黑格尔对精神的定义看,狭义来说,"精神"是第四个阶段的客观精神,诸如时代精神取向、社会和民族意识。而广义的"精神",则包括主客观精神、个体社会意识、绝对精神等环节在内。

黑格尔称"人的精神已经跟他旧日的生活与观念世界决裂",生活是"此岸的现实存在"。黑格尔立足人的主观精神,建立起了客观理性。马克思以揭示它的诞生地、根源的方式肯定了这套世界结构的价值——黑

---

① [德]黑格尔:《精神现象学》上卷,贺麟、王玖兴译,北京:商务印书馆,1979年,第3页。

格尔的体系不是立足神学的,也不是立足逻辑学的,而是立足于有主体性的精神。比起经院神学,他在展现绝对精神的形态时,在主体性里面发挥了人的能动的一面。因此恩格斯称精神现象学"是对个人意识在其发展阶段上的阐述,这些阶段可以看作人的意识在历史上所经历过的诸阶段的缩影"①。

黑格尔的绝对知识对传统思考范式的超越在于,它不是贝克莱的"存在就是被感知",而是相反,感知就是存在。他认为精神领域的变化才有新知新东西,"太阳下面没有新东西",指的是现实生活世界的变化只是周而复始的循环。由此,自然在观念的空间里发展,世界历史在绝对精神中发展。但不能简单把这种精神探索仅仅看成缺乏现实性的空想,黑格尔这种辩证的绝对精神即感性确定性的借鉴意义在于,他主张过一种纯粹精神的生活,不过于执着于世俗事物,用头脑支配行动,经过了这样的思维训练,回到现实生活中,才能有超拔于世俗生活的思维境界,才会超越机械唯物主义或庸俗唯物主义的视野。它超越了日常生活中直接的感性经验,超越了先天直观形式中显现的现象,超越了自然科学真理观的实在论,让哲学在真理面前有了发言权,可以避免人的认识活动成为"确定性""常识性"现象的盲从奴隶。由此,黑格尔认为只专注在实践中的人是抽象的"禁锢在狭窄的实践领域或思想领域里的'抽象的动物',专家、行家"②。黑格尔核心方法论即观念辩证法,就是在思辨中将现象感知深入到确定性精神逻辑层面。

纯粹概念、绝对知识、绝对精神所作的感性现实的颠倒下,实在被理解为思维自我运动的结果,这种颠倒虽必要,但是不真实,里面的价值不是完全的,这种"意识发展史"与历史唯物主义立场的"社会发展史"恰好

---

① 《马克思恩格斯选集》第4卷,北京:人民出版社,1995年,第215页。
② [法]列斐伏尔:《日常生活批判》第1卷,叶齐茂、倪晓辉译,北京:社会科学文献出版社,2018年,第38页。

是相对的。马克思也揭示了黑格尔的世界体系无非就是从"纯粹的思辨的思想"开始,也就是从他的自我意识和理性的历程出发,只在他的主观精神之中。人的意识发展是客观现实发展的反映,它源自自然社会历史等客观根源,所以《1844年经济学哲学手稿》里,马克思批判道,黑格尔的主观精神以自我意识为根基,是自我映照,脱离了现实的国家历史和真实生活世界,只是在谈论看待现实世界的观念,所以黑格尔的辩证法需要颠倒过来,是生活世界与观念世界的颠倒。

二、从神圣到世俗——对费尔巴哈感性哲学的继承和扬弃

费尔巴哈认为创造与保持是不可分的,他认为自然是人类的创造者和保持者,上帝是自然的"遮眼戏"和幻想,"我总不是一个离开光、离开水、离开大地、离开食料而存在的东西,总是一个依靠自然的东西"①。从反思辨神学到反思辨哲学,这让费尔巴哈抓住了最终批判对象——思辨。费尔巴哈批判了把抽象世界认作实在世界的传统观点,他反对黑格尔时是"以清醒的哲学来对抗醉醺醺的思辨"②。他颠倒了黑格尔的抽象精神生活观,他认为世界不是单纯的思想物,我们生活在自然中,自然真正的最高本质不能化成抽象的性质,思想无间断的活动在世界、人性之内,世界的呈现不是通过超自然或逻辑的、形而上的抽象,"世界是通过生活、通过直觉、通过感觉而呈现于我们的"③。

但费尔巴哈的唯物主义,所理解的自然界是机械的直观的,是一种感性存在物的杂乱组合。费尔巴哈的直观感性,没有人的生活世界,没有社会历史,只有"无人"的自然世界。他认为生活是人的直观,仅仅在于解决

---

① [德]费尔巴哈:《宗教的本质》,王太庆译,北京:商务印书馆,2010年,第2页。
② 《马克思恩格斯文集》第1卷,北京:人民出版社,2009年,第327页。
③ [德]费尔巴哈:《宗教的本质》,王太庆译,北京:商务印书馆,2010年,第26页。

人的生理需求。在《关于费尔巴哈的提纲》中马克思指出:"从前的一切唯物主义(包括费尔巴哈的唯物主义)的主要缺点是:对对象、现实、感性,只是从客体的或者直观的形式去理解,而不是把它们当作感性的人的活动,当作实践去理解,不是从主体方面去理解。"①可以看出,马克思从主体的、实践的角度去解读对象化概念。马克思所指的对象化是"在实践上按人的方式同物发生关系"②,是以人的实践活动为出发点的。也就是说费尔巴哈虽然从客观感性出发理解对象世界,但他仍然反对生活的实践改造,认为实践是把自然当成利己主义的客体,是功用主义的行为。他在《基督教的本质》一书中,认为犹太人实践处世获取利益的生活原则,是以"宗教为形式的利己主义",马克思分析道,费尔巴哈看不到实践的能动力量和积极作用,没能区分庸俗实践观与物质生产活动,"因此,他不了解'革命的''实践批判的'活动的意义"。③ 因此只有无人的自然世界,在缺失的现实生活世界,他只认可理论活动实践,这终究会沦为抽象的、精神的、形而上学的实践观。

"感性"是费尔巴哈与马克思主义理论的联结点,费尔巴哈通过感性批判了思辨理性,扬弃了绝对精神,确立了唯物立场。感性是意识的首个环节,是意识的经验现象的首个现象,在费尔巴哈的理论体系中,只有感性的事物是绝对明确的,"感性是现实本身最初的、最本源的直接性,是立于自身之上的、实证的以自身为基础的直接性"④。他认为感性是基础是本源性存在,否则也就没有精神,认为精神在感官中精粹而出,只是感性的升华。

---

① 《马克思恩格斯文集》第1卷,北京:人民出版社,2009年,第499页。
② 《马克思恩格斯全集》第42卷,北京:人民出版社,2016年,第124页。
③ 《马克思恩格斯文集》第1卷,北京:人民出版社,2009年,第503页。
④ 吴晓明:《形而上学的没落——马克思与费尔巴哈关系的当代解读》,北京:北京师范大学出版社,2018年,第310页。

费尔巴哈认为自然实体是实际的、感性的、个体的实体,也就是说感性包括感性的自然界。人们从世界的土地上建立起精神的天域,从现实世界的材料中创造出幸福的生活的内容。因为感性,所以是离心的、例外的、不规则的。"只有在存在物用它的形态、运动、生活方式对你的感官显现的东西之中,才有着它的灵魂和本质。"①其意义为在感性对象性中,人才成为"现实的人"。正是在这样的对象性关系中,世界通过直观、通过生活(而不是通过形而上学的抽象思维),被我们所拥有。费尔巴哈在主体世界和客体世界两者间建立了感性的统一。

费尔巴哈把人们生活于其中的世界称为"感性世界",这个世界是自在的,是与超感性对立的。马克思摄取了费尔巴哈唯物主义的"基本的内核",认为感性世界就是生活世界,但马克思对感性的理解超越了费尔巴哈,认为感性世界由现实的人(而非费尔巴哈理解的"自然的人")的感性活动,与在活动实践中生产创造之物同构而成。费尔巴哈和马克思对生活的认识共同点在于都是唯物的、感性的,但费尔巴哈感觉论的唯物主义是静观的感性,也就是感性直观;马克思的感性是动态的,是能动的感性,也就是去实践、去创造,去改变生活世界,强调感性的活动和实践。

第二节 早期马克思感性世界理论与现代历史唯物主义的系统阐释

马克思在《柏林日记》中已提出面向尘世的现实的观点:"作为意志走出阿门塞斯冥国(古埃及人称冥国为阿门赛斯),面向那存在于理论精神

---

① 吴晓明:《形而上学的没落——马克思与费尔巴哈关系的当代解读》,转引自费尔巴哈:《费尔巴哈哲学著作选集》上卷,北京:商务印书馆,1984年,第207页。

之外的尘世的现实。"①社会实际状况迫使他关注起现实问题,他维护了哲学干预现实生活的权利,并把兴趣逐渐转到现实生活方面。马克思参与了《莱茵报》的创办、出版和编辑工作。1842—1843年给《莱茵报》撰稿期间,遭逢一些"重大的真正的现实生活问题"②,如报刊文章出版涉及自由的问题、关于摩泽尔河沿岸被压迫的农民生活状况等。对普鲁士迫害进步报纸的行径,马克思指出这种精神生活的外部限制否定了精神生活的内在特性,他们"生活在现实世界彼岸的世界里",人民报刊应生活在人民当中,应表达人民的利益和思想;谈及出版自由问题时,马克思指出英国提供了"广阔的历史生活图景",抽象地、脱离历史生活阐发的"自由"是虚幻的,他认为自由不仅包括"靠什么生活",也包括"怎样生活";在林木盗窃法中,他研究了贫苦民众的物质生活条件,当地居民迫于生计捡枯枝拾柴火,但普鲁士政府设立新法案,要求捡拾柴木前需经树林所有者同意,否则视为违法盗窃,马克思认为这是维护私有财产的自私逻辑,国家制度成了物质利益的工具,这使马克思看到,"利益"对"法"支配;《摩泽尔记者的辩护》一文考察了摩泽尔地区导致农民贫苦的社会关系原因,物质利益是如何左右民众的实际生活,加深了马克思对社会生活的理解。

这些现实矛盾令马克思对黑格尔哲学产生了怀疑。1859年在《〈政治经济学批判〉序言》中马克思回顾这一段思想行程,称这一阶段对理性国家观产生了"苦恼的疑问",因为理性国家对待法时采取了"圆滑的是非标准","法的利益只有当它是利益的法时才能说话",③代表土地私有者利益、代表特权的国家和法律与贫民是对立的。这个"苦恼的疑问",实质意味着此时马克思的思想产生和发展轨迹已意识到生活实践高于书本公

---

① 《马克思恩格斯全集》第1卷,北京:人民出版社,1995年,第75页。
② 《马克思恩格斯全集》第1卷,北京:人民出版社,1995年,第240页。
③ 《马克思恩格斯全集》第1卷,北京:人民出版社,1995年,第287页。

式,理论研究不能脱离现实社会矛盾,马克思提升到历史观层面、捕捉时代矛盾、回归生活现实的理论研究,催生了新世界观。

一、《〈黑格尔法哲学批判〉导言》：现实世界是人的本质回归

长久以来,在西方哲学中,观念世界和生活世界是有主次之别的,柏拉图洞穴隐喻将世界分为现实世界与理念世界,更是指向理念是"真",生活为"实",即理念世界虽真但不现实,生活世界现实但不可信。于是人们在理念中构建理想世界。中世纪构建的神学天国,更是迥异于生活尘世。在宗教话语构建的天国里,理念的"真"和超验的"圣"同时被熔铸其中。

德法年鉴时期马克思指出,政治解放不代表人的解放,即使国家打破了神学宗教的桎梏,但现实的人不一定也从中解放出来。《〈黑格尔法哲学批判〉导言》里,马克思指出人面对现实的苦难试图在天国中寻求超越、找寻"超人",但"找到的只是他自身的反映",现实人们在宗教创设的意识形态中,习惯将虚幻的、颠倒的天国的幻想和慰藉当成真实的生活,这是歪曲社会事实的虚假观念,"一种颠倒的世界意识",是哲学家、神学家炮制出来的观念幻想,是人创造宗教,而不是相反。

之所以说宗教是鸦片,"是人的本质在幻想中的实现"[①],是因为现实的人、有生活的个人,在宗教里寻求对现实苦难的慰藉,虽能一时镇痛,但得到的抚慰是在幻觉、在虚假的意识中完成的,社会现实和生活状况并未改变,获得的是虚幻幸福。这"无情世界的情感"就像捆缚在人们锁链上的"虚幻的花朵",人们采摘了慰藉的花,但锁链仍戴在身上,所以马克思说要扔掉的是锁链,把"对宗教的批判变成对法的批判"[②],要对社会现实

---

① 《马克思恩格斯文集》第1卷,北京：人民出版社,2009年,第3页。
② 《马克思恩格斯文集》第1卷,北京：人民出版社,2009年,第4页。

进行批判,"要向德国制度开火",要拆穿人的自我异化的神圣形象,被支配、被占有、被统治并不是上天恩准的存在物,要确立生活世界的真理,把"对天国的批判变成对尘世的批判"①,反对那个以宗教为慰藉的世界。

19世纪中叶的德国,世俗生活几乎等同于宗教生活,马克思通过揭露宗教的本质,分析了德国专制制度的社会基础,并阐明了无产阶级的历史使命——实践。"批判的武器不能代替武器的批判,物质的力量只能用物质力量来摧毁",②摆脱宗教的束缚,才可能真正关注人的生活,因此革命不能只在僧侣的头脑中、在哲学家理念中进行,普遍的人的解放、彻底的革命,不是乌托邦式幻想,要在革命实践中推翻被蔑视、被侮辱、被遗弃、被奴役的关系,"人的完全丧失,并因而只有通过人的完全回复才能回复到自己本身"。③ 它的解放性在于它的彻底性,在这里,马克思把具体感性活动的主体确定为"现实的人",从人性的丧失和复归揭示了无产阶级的生存处境,并把"人是人的最高本质"的解放设为立足点,指明担负"普遍的人的解放"、人类解放的主体是无产阶级,无产阶级从此"出场"。而"普遍的人的解放",正是对西方现代性生活方式的自我扬弃和否定。

二、《1844年经济学哲学手稿》：批判资本主义社会的异化生活

在《1844年经济学哲学手稿》中,马克思的"对象世界"开始了从上层建筑到经济基础的演化,他用双重视角的审视方式,从精神主体的对象转向了现实生活的对象,即以"社会生产"实践方式存在的现实社会,由此开启了对资本主义社会异化生活的批判,并集中体现在对"生活本身仅仅表现为生活的手段"这种异化的批判。可以看出从上层建筑到经济基础的

---

① 《马克思恩格斯文集》第1卷,北京:人民出版社,2009年,第4页。
② 《马克思恩格斯文集》第1卷,北京:人民出版社,2009年,第11页。
③ 《马克思恩格斯文集》第1卷,北京:人民出版社,2009年,第17页。

演化正是发现资本主义生活世界并对其异化展开批判的过程。

（一）生活关系的自然维度：在生产生活中人与自然关系

自然界是生活的前提，有自然界提供材料，人们才得以通过劳动加工生产生活资料，没有感性世界，原材料、劳动、生活都不能够存在。在狭义上，自然界是维持人们肉体生存的手段，提供生活资料，"人的肉体生活和精神生活同自然界相联系"①。

"人靠自然界生活"，动植物、空气、阳光、石头等是人的生活与活动的一部分，肉身层面，这些产品作为食物、原材料动能、衣物、住房，是人直接的生活资料。在实践的范畴，人与自然界现实的本质力量，是生命活动开展的前提，是承载生活之物。人的抽象精神观念生活需要在自然界中确证，人的肉身生活也同样以自然界为前提。

（二）生活关系的社会维度：感性对象化活动与生活本质

人的本质力量是通过实践才得以实现的，这是一种主观意志的外化，需要在劳动的对象化过程中体现，人的"类本质"的外化构成了生活，这个意义上，劳动是作为一个人的我们所本应有的生活方式。人作为类存在物通过自由自觉地劳动创造性改造对象世界，以确证自身。因而劳动异化实质是人的本质力量的异化，生产生活的价值确证仅仅成了维持肉体的存在，"它把抽象形式的个人生活变成同样是抽象形式和异化形式的类生活的目的"②，生命活动区别于动物的特质——有意识的、自由的人的类特性被异化了，生活本身仅仅表现为生活的手段。

马克思在论及创造新价值的劳动时，涉及了"对象化""物化"概念，也

---

① 《马克思恩格斯文集》第1卷，北京：人民出版社，2009年，第161页。
② 《马克思恩格斯文集》第1卷，北京：人民出版社，2009年，第162页。

借用了黑格尔哲学"异化"概念。"劳动的产品是固定在某个对象中的、物化为对象的劳动,这就是劳动的对象化。劳动的实现就是劳动的对象化。"①对象化涉及自身与他人的关系,劳动创造了对象世界,是人的本质力量的确据。劳动对象化展现了劳动主体与劳动对象,人的生活与自然、与社会的辩证关系。当劳动产品不属于工人,对象化劳动是异己的,那么劳动是给他人带来生活乐趣,而工人自身是压制强迫下的劳动。"生产生活就是类生活",对象化劳动所涉及的人与人的关系参与其中,就变成了"类生活",这种劳动也因社会活动的性质相对应为"类劳动"。

马克思说黑格尔是"思辨神学",马克思发展了黑格尔的异化劳动理论,对黑格尔来说,精神实体即主体,在这个前提下,他肯定异化劳动的意义,认为异化劳动是人自我产生的关键一部分。《精神现象学》中,黑格尔阐发实体是知识与知识之对象的统一,绝对精神这种自在的自我意识、"实体性自身"已先存在,是先于知识对象成为现实存在的。从自在的自我意识,上升为自为的自我意识是"单一的东西的分裂为二的过程或树立对立面的双重化过程"②。

观念性的存在,在现实世界中分裂自身,就是"主体"对"异己"的关系,"主体"与"异己"相互对立,主体否定不合自己本质的一面,并在对立中走向统一,认识对象的本质,整个过程中"实体——主体"就是异化和扬弃异化的过程,从而到达相合的阶段。也就是"正题——反题——合题"的公式。实体从抽象的变成现实的,这就是黑格尔所说的"意识的财产"。③

---

① 《马克思恩格斯全集》第42卷,北京:人民出版社,2016年,第91页。
② [德]黑格尔:《精神现象学》上卷,贺麟、王玖兴译,北京:商务印书馆,1979年,第11页。
③ [德]黑格尔:《精神现象学》上卷,贺麟、王玖兴译,北京:商务印书馆,1979年,第23页。

在这种逻辑演绎下,黑格尔把劳动和异化思想结合,体现在他的主观辩证法中,主奴属于主观精神的自我意识部分,他们的关系出现在精神实体一分为二之后。二者都认为自己是本质性存在,占优势一方为主人,弱势一方为奴隶。生产过程中,一方面奴隶不能按自己意愿进行产品生产,而只能按主人意愿生产产品;另一方面,由于主人只能依赖奴隶实现对物的否定,在劳动环节中,奴隶得以认识自己。在劳动产品中,体现了奴隶固有的"自为存在"的本质力量,奴隶的精神力量也得到了确证,通过异化和扬弃异化,生产与劳动异化过程等同,因此在黑格尔看来,劳动与劳动异化是合一的,主体在这一过程中把握对象本质。马克思因此批判"黑格尔唯一知道并承认的劳动是抽象的精神的劳动"①。

马克思的辩证法关心人的活动,劳动是最基本的生活实践活动。劳动的外化指的是劳动不再属于人的类本质。当劳动不能满足内在需要,不是自主活动,而是外化的、异己的、不能确证自己价值的,那么导致没了强制,就会"躲避瘟疫一样逃避劳动",结果是人的"动物机能"和"人的机能"倒置了,人活在人的机能劳动时,却活得像个动物。

劳动产品不属于工人,其外化导致工人创造出来反对自身的对象世界力量越多,自身越辛劳且贫匮。成为劳动产品的东西,就不再是他本身的东西了。物的世界在增殖,私有财产获得了无上的地位,人的世界却在贬值。

手稿中马克思形成了自己的异化理论,马克思揭示出资本、劳动、土地互相分离,相应的,资本利润、工资、地租也是分离的,这导致劳动与财富的分离,这种分离对有产者是幸福基础,对工人来说,这种分离是万恶之源,是"致命的"。工人沦为低廉的商品,他生产的影响和规模越大,辛苦耗费劳动产出的商品越多,却越贫困。不仅劳动对象成了异己物,劳动

---

① 《马克思恩格斯全集》第 42 卷,北京:人民出版社,2016 年,第 163 页。

产品也转为不依赖生产者的力量。"以致工人被剥夺了最必要的对象——不仅是生活的必要对象,而且是劳动的必要对象。"①占有表现为被劳动的产品奴役的外化、异化。

马克思分析劳动产品异化之后,也分析了生产活动本身的异化。劳动成为一种异己的力量,劳动中创造出来的产品成了外部的存在,成了异己的对象世界,并在对象化中异化、丧失,劳动产品成为统治着他的对象。工人成为工人,才能得到生存资料,工人这份劳动工作是第一位的,肉体的主体成了第二位的,这意味着他成为对象的奴隶。工人无法在感性的自然界直接获得生活资料,在占有感性外部世界的劳动过程中,就会逐渐失去生活资料。

马克思谈到类生活时,指出人是比动物更依赖无机界生活的类存在物,人与动物的差别在于,人在能动的类生活实践中创造对象世界,人才真正为人,"劳动的对象是人的类生活的对象化"②,劳动"是产生生命的生活",是人的类生活,但当整个社会被资本围困,异化劳动把类生活自由自主性变成了维生手段,异化在日常生活中有类似"疏离感"的意味,劳动成为被迫强制,也就是说人与类相异化,剥夺了"人的现实的类对象性",劳动从证明劳动者之物成为控制劳动者生活的东西,当人同自己的劳动产品、活动本身、类生活对立时,人同人也就相异化了。

(三) 生活关系的自身维度

人与自身的关系首先在观念、自我思维的精神活动,感性意识不是思辨逻辑的抽象,而是现实生活的抽象,精神是生活的重要组成部分。人是思维着的类存在物,是观念的总体,通过思维复现自己的存在,通过类意

---

① 《马克思恩格斯文集》第1卷,北京:人民出版社,2009年,第157页。
② 《马克思恩格斯文集》第1卷,北京:人民出版社,2009年,第163页。

识确证现实的社会生活,按照自我意志改造生活世界。

但观念思维不能脱离现实存在而独立,所以人要通过实践、通过类活动来实现与自身的关系,"全部人的活动迄今为止都是劳动"①,但人虽然通过与自身的关系和谐达到提高支配对象世界的能力,但人不是单纯的劳动人抽象存在,人与自身的关系无法脱离现实,仍然是要通过与他人的关系才能成为现实的、对象性的关系。

三、《神圣家族》：走进尘寰"在生活中真正成其为人"

马克思恩格斯1844年合著的《神圣家族》中,已经开始重视"现实的个体的人",批判了思辨唯心主义视为本体的那种超脱肉体的精神。无产阶级在异化中生活贫困无法回避,"由于在无产阶级的生活条件中集中表现了现代社会的一切生活条件所达到的非人性的顶点",②无产阶级感到的是人的本性被消灭,"同作为对这种本性的露骨的、断然的、全面的否定的生活状况发生矛盾而必然产生的愤慨"③。

此种历史前提下,无产阶级只有消灭所处的历史时代的生活现实,即现代社会下非人性的生活条件,才能解放自己。马克思认为,应弄清无产阶级是谁,无产阶级"究竟是什么",这样的生活状况,已预示了无产阶级在资产阶级社会中的历史使命。

破坏性的批判用自我意识瓦解现实的人、现存的东西。它强调超验性和抽象性,在想象中以为自己不同于世界,觉得现实事物和现实的人低于自己,其实这是缺少对世界的现实识别力。旧的思辨飘浮在实践之上,认为现实的人无限渺小,停留在抽象形式而非诉诸实践。

---

① 《马克思恩格斯文集》第1卷,北京：人民出版社,2009年,第193页。
② 《马克思恩格斯文集》第1卷,北京：人民出版社,2009年,第262页。
③ 《马克思恩格斯文集》第1卷,北京：人民出版社,2009年,第261页。

黑格尔在《法哲学原理》中，把人定义为"观念的具体对象"，人只是抽象的观念和精神的体现和运用，青年黑格尔学派认为"自我意识结果"之所以比"自我意识本身"强，是因为自我意识通过外化，实现了自身意识的本质认识和力量确证，也就是自我意识或说思辨哲学演进的体现。

蒲鲁东（Pierre－Joseph Proudhon）关注到了群众的、现实的利益，而不再像青年黑格尔学派那样仅仅是满足自恋、抽象的构想的利益，但青年黑格尔学派只看到范畴，工资、薪饷、匮乏、需要，劳动只是拥有和不拥有两个范畴，他们教导工人，只需从观念范畴领域改变对自己的抽象认知，改变对雇佣、资本的观念意识，就能消除现实资本对雇佣的剥削，并把改变现存条件的行动当作非批判的行为加以蔑视和拒绝，就会现实地发生改变并成为现实的人。

不拥有的状态是人的完全非现实状态，是人脱离其对象性的状态，一无所有的人生存之路都被切断，符合人道的生活之路更无从谈起，马克思讽刺道，这是拥有一切反自然、不合人道的现象，比如"拥有饥饿，拥有寒冷，拥有疾病，拥有罪过，拥有屈辱"[1]，人的活动的本质规定没有得到真正的承认，得到承认的只是外化的、异化的雇佣劳动下资本家所支付或工人所得到的工资。

马克思关注到了曼彻斯特、里昂工厂的工人生活境况，工人的糟糕处境并非能用"纯粹思维"的转化来摆脱的，雇佣和资本是异化的真实产物，他们能明确感知到意识和生活之间、思维与存在之间的差别。人不能仅在想象中、思辨逻辑中、意识观念中成为人，要用实际且具体的方式消灭这种异化，才能在存在中，"在生活中真正成其为人"[2]。

马克思分析了思辨结构的理论逻辑，进而也就破解了黑格尔绝对精

---

[1]《马克思恩格斯文集》第1卷，北京：人民出版社，2009年，第268页。
[2]《马克思恩格斯文集》第1卷，北京：人民出版社，2009年，第273页。

神体系结构的实质,他以苹果、梨、扁桃举例,思辨的理性把这些实体水果的本质抽象出来,用思辨的语言宣布或说强加"果品"是这些物的本质,这是不能用感官触碰到的现实实在,宣布实体水果只是非本质的、无关紧要、虚幻的样态,"果品"才是共性的本质、真正的实体。

思辨哲学只是表面上越出了抽象的圈子,他们说之所以有多种多样的果实外观,是因为果品的本质是能动的统一体,而非静止僵死的。马克思进而讽刺道,经院神学那里上帝才有一个化身,到了思辨哲学这里,有多少绝对实体,就有多少绝对的果实的化身,他们以神秘的口吻赋予果实神秘意义,理智本质造出了自然实物,非现实创造了现实。仿佛它们不是从物质的土地中生长的,而是超自然理智本质的化身,导致它们的价值不在于天然属性,而在于思辨属性。思辨结构把理论家借助表象和感性直观宣布为"果品"的自我活动,"说成是臆想出来的理智本质本身即绝对主体所完成的过程"①。

青年黑格尔派用批判的历史取代群众的历史,对他们来说,行动着的群众在历史活动中不重要,经验的活动不重要,这一活动的经验的利益也不重要,重要的仅仅是"一种思想"。马克思批驳这种看不到"现实的人"的观点,他认为历史活动是现实的人的实践活动,群众队伍的扩大需要历史活动的深入,并断言"'思想'一旦离开'利益',就一定会使自己出丑"②。枷锁是感性的、现实的,仅仅从思想中站起来是不够的,在青年黑格尔派这里,枷锁或说生活生产矛盾本应是外在的、现实客观的,但他们主张在主观观念中斗争就能解决这些"内在"困扰和矛盾问题,本应是外在的感性的现实的问题在青年黑格尔派那里都只是纯粹的思想斗争。

青年黑格尔派的绝对批判视"群众"是精神的真正敌人,他们认为精

---

① 《马克思恩格斯文集》第1卷,北京:人民出版社,2009年,第280页。
② 《马克思恩格斯文集》第1卷,北京:人民出版社,2009年,第286页。

神的唯一的对头就是要到群众的自我欺骗和懦弱无能中去寻找。马克思对此的批判分析是,对他们来说,群众也不同于现实的群众,是他们为了批判才作为"群众"而存在。连空想社会主义学家,如傅立叶、欧文都看到了群众生活日益陷入了非人境遇,并对现代社会的现实基础作了深刻的批判。而对青年黑格尔派来说,精神受到限制,是因为它的对头是精神空虚,而这些空虚被说成是群众的特质,在群众的懒惰、肤浅、自满中产生。他们不但不去追溯精神空虚、懒惰、肤浅和自满的根源,反倒从道德上谴责,群众在他们这里成了这些抽象的品质的虚幻的人格化。在他们所发现的"精神"与生活主体"群众"的关系中,隐藏着这样一层含义:积极的精神化身为少数精英,而群众则是精神空虚的,精神和现实二者是对立的。同现实的人相脱离的历史变成了精神的历史。

在黑格尔那里历史不是由群众在历史活动中创造,而是由绝对精神在思辨活动中制造,历史是理论精神们的意识观念和纷繁见解。马克思讽刺道,青年黑格尔派自诩世界精神的化身,群众则不在此范畴,绝对精神不需要通过群众体现,群众成了与精神对立的物质消极非历史存在,"改造社会的事业被归结为批判的大脑活动"[1],一批"杰出人物"如鲍威尔和门徒们就能有目的地发明历史和完成历史。

费尔巴哈所著的《未来哲学》阐述了"人的关系的现实丰富性""人的意义",但以布鲁诺为代表的青年黑格尔派仍把群众当作"卑贱"的"纯粹的无",把群众看为精神的敌人,是有限的、固定不变物质。未来成了批判的创造物,群众生活的社会置身于"社会的社会"之外。

《德法年鉴》《1844年经济学哲学手稿》已经阐明,现代生活实践中异化的非人性的生活条件被消除,人才能获得解放成为人,这种非人性的生活条件最高表现是货币制度。青年黑格尔学派主张在精神中批判财富货

---

[1] 《马克思恩格斯文集》第1卷,北京:人民出版社,2009年,第293页。

币制度,但这种意识层面的"纯粹性""无限性"批判,相当于天国的国民经济学,在观念中对天国的财宝进行生产消费、分配交换。

鲍威尔对生活权益的认知也是脱离历史现实抽象的自由,他认为"自由的人性"就是民众生活状况的内容,"构成现代市民生活内容的那些精神要素和物质要素的失去控制的运动的承认"①。在他看来,人们获得生活的权益不需摆脱财产、宗教、剥削压迫,只要拥有占有财富的自由、信仰自由、经营的自由,就能改变当前社会上的矛盾压迫。马克思在这里已经认识到,观念跳不出自身的历史局限性和思想形态范围,光靠思想不能真正实现人民生活的权益,观念落地变实需要行动实践以及使用实践力量的群众。他指出,市民社会利己主义个人想象中,那种绝对充实的极乐世界存在物,只在非感性观念、无生命的抽象中,感性现实会提醒他身外世界的存在和个人的意义,比如"世俗的胃"、每一种本质活动、每一种生命欲望,都在提醒着身外世界是充实的,不是空虚的。

人们只是在观念想象中是原子,实际上,不管人的本质特性有没有异化,以及异化形式如何,人的类本质性和自然必然性把民众关联了起来,形成在利益纽带下联合群体,人与人之间的社会联结不是非日常的政治生活,而是日常的市民生活,"国家是由市民生活来维系的"。②

在分析法国机械唯物主义时,马克思援引了伏尔泰的观点,人们对18世纪唯物主义理论是用当时法国生活的实践形态来解释的,这种生活关注的是尘俗的世界,世俗的享乐和利益,直接的现实。当人们的注意力放在实在的东西、尘俗的事物上时,形而上学不再受欢迎,洛克的《人类理智论》出版盛行,成了当时的生活实践的理论注脚。但唯物主义为了打倒观念精神,通过扼杀肉欲、抹杀人性,以冷漠的工具式的理智之物出现,生

---

① 《马克思恩格斯文集》第1卷,北京:人民出版社,2009年,第312页。
② 《马克思恩格斯文集》第1卷,北京:人民出版社,2009年,第322页。

活理论、生活经验变成了漠视人的唯物派与毫无血肉的精神派之间的论争,比如霍布斯一切人对一切人的战争,把观念看成物体世界的幻影。马克思在这里提出,不能把思想同思维着的物质分开。

马克思既看重观念世界,也看重生活现实,他认为人一方面从感性世界中获得知识、感觉,那也应该这样安排经验的世界,在经验世界、生活真实中去体验真正合乎人性的东西。物质对人是有限制的,人是社会性的,但不能忽视和抹杀个体个性的积极力量,环境与人互相塑造,为了拥有更好的生活空间,人应该活出自己的个性生命,以合乎人性的方式去创设形塑环境。

黑格尔体系由三方面构成,第一层面处理的是自然关系,借鉴的是斯宾诺莎的实体,这是与人分离的自然;第二层面处理的是精神问题,借鉴的是费希特,他主张的自我意识也是与自然分离的;第三层面处理的是前二者的统一,即绝对精神,"是形而上学地改了装的以上两个要素的统一,即现实的人和现实的人类"。[1] 所以黑格尔的历史观是绝对精神的演进,实现历史演进推动社会发展的是代表"自我意识"化身的精英人物,理想生活是精神演进的实现。

马克思认为,生活不能把现实的人当成抽象的观点,不能用思辨的方式改造对象性现实,意识不是无所不包的实在,应从尘世生活出发,依靠体现了物质利益的群众,去推动社会革命和历史发展。对思辨哲学实质的揭示,使马克思的思想又向唯物史观迈进了一步。恩格斯后来评价"神圣家族"时指出:"人们应该以关于现实的人及其历史发展的科学来代替对抽象的人的崇拜"。[2] 从世界观来看,马克思通过对工人生活条件的把握,阐发了感性世界、社会和历史的唯物主义基础。

---

[1] 《马克思恩格斯文集》第1卷,北京:人民出版社,2009年,第342页。
[2] 《马克思恩格斯全集》第2卷,北京:人民出版社,2005:Ⅷ。

四、《关于费尔巴哈的提纲》:"云霄中的王国"与世俗基础

《提纲》从感性活动出发去理解现实世界,提出了与旧唯物主义和旧唯心主义都不同的概念,作出"全部社会生活在本质上是实践的"的重大理论创新,让关于人的现实生活世界的哲学思考进入了全新的历程,可称为"实践活动的唯物主义","实践"即社会生产—生活。这个世界不再是观念思辨世界,而是现实感性的对象世界;不是与自然脱节的世界,而是人和物一体化的世界;也不是只有机械、抽象、冷血的人的世界,而是以实践批判活动为基础合乎人性的世俗生活世界。

感性是诉诸直观才能发现生活世界的真相,游离于实践之外的直观仍是抽象的肤浅的甚至是歪曲的,不可能反映社会矛盾的发展方向,把握历史规律,那样得出的理论认知与生活与时代都将是脱节的。

在马克思之前的费尔巴哈的旧唯物主义,无法对资本主义社会的认识再有所突破,就是因为它们认识到世界的本体的物质实在性,但由于缺乏实践立场,无法跳脱打破资产阶级意识形态的思维限制,所以止步于自然界,只能理解到自然界产生人类,但不能解答人生活的社会场域的矛盾实存。马克思对生活世界的回归,是从费尔巴哈关于两重世界的区分,即宗教世界与世俗世界的区分得到的启发开始的。《提纲》第四条指出:"费尔巴哈是从宗教上的自我异化,从世界被二重化为宗教世界和世俗世界这一事实出发的……世俗基础使自己从自身中分离出去,并在云霄中固定为一个独立王国,这只能用这个世俗基础的自我分裂和自我矛盾来说明。"这句话揭示了世俗基础怎么从自身分离出去变成一个独立的王国,变成宗教的云霄王国。世俗世界的矛盾分裂,人们在宗教世界寻求对世俗世界的完形,理想型的、完备的理论建构,世俗世界充满苦难、斗争,宗教通过建构"云霄中的独立王国",让人们可以不顾世俗世界的苦难,在宗

教世界中安顿自己的心灵,并认为宗教描述的世界才是真理,宗教是理想的、超越的,可以贬斥睥睨世俗世界的罪恶、痛苦。但宗教对现实世界的补充和慰藉,反过来也是对世俗世界"存在即合理"的辩护,因为宗教世界给的出路,不是使世俗世界本身发生革命,产生社会进步,它告诉人们世俗世界的苦难到彼岸去解决,提供的出路是唯有通过信仰,获得心灵上的个体救赎。所以在马克思看来,宗教是对现实世界的辩护,因为它使现实的苦难可以接受,但同时这也是某种程度的"厌世""弃世",不能触动现实世界,不是真正的出路。

两重世界的区分,包含着最基本的理论模型,每个时代,都会对自己的生活进行理念上的完形,变成意识形态。古代世界神学家为古代世界建构了一个宗教世界作为镜像;资产阶级的思想家把世俗世界,就是生活世界,表达为理论、哲学系统,其实是在思辨哲学中重新构建了一个"云霄中的王国",跟宗教世界有着同样性质。从这个意义上,现代思想家相当于古代世界神学家。

马克思在提纲第六条中不再认同费尔巴哈对人的本质的论断,人的本质不是宗教的本质,而是一切社会关系的总和。其立脚点在于"现实的个人""现实的社会"。强调社会性,意味着不再把人视为孤立的、抽象的个体;强调社会关系,意味着马克思超越了费尔巴哈那种把人与人的统一只局限在脱离阶级和生产关系的两性关系上,社会关系既包含人的繁衍、吃穿住用等自然属性的日常生活层面,也包含着隶属于社会属性的生产关系,如非日常层面的文化关系、政治关系等。这是统一于实践的符合生产力发展的生产关系与生活关系的总和。

提纲第十一条"改变世界"的使命提出,激励人们不再停留在从观念的转变中去容忍那个为之进行意识形态辩护的现代资本主义生活,而是正视资本主义在完成推动历史前进的使命后,在西方现代性的局限下,所带来的社会矛盾、生活异化困局,这给无产阶级带来革命使命、实践和新的前途。

五、《德意志意识形态》：现实生活是历史唯物主义的起点

马克思、恩格斯所理解的社会不是不可把握的神秘存在,是只有在思辨想象中才可抽象抛弃的现实,这个现实的前提是人,"现实的人"不是经验主义者所描绘的僵死的事实的合集,不是固定不变状态的,也不是想象的主体的虚幻活动,而是在一定能动的生活过程中的人。"这是一些现实的个人,是他们的活动和他们的物质生活条件,包括他们已有的和由他们自己的活动创造出来的物质生活条件。"①人通过生产与动物区分开,生产不仅是人的再生产,还是生活方式和生存活动方式。

"意识在任何时候都只能是被意识到了的存在,而人们的存在就是他们的实际生活过程。"②社会是现实的,历史由不同社会形态更替构成,一定数量个人的生活过程中产生社会结构和国家,马克思和恩格斯从历史向"世界历史"转变勾勒出了历史发展之路径——从孤立隔绝的民族国家到工厂手工业产生,物质生产和需求推动了人口跨国度迁徙,物质交往和劳动分工推动了历史本身的变迁发展,这样社会和历史就变得可理解了。"不是意识决定生活,而是生活决定意识。"③物质交往生产决定精神生产交往,意识是社会的产物,在萌芽低级形态是对生活交往的直观反映,随着生产效率提高,意识获得相对独立性的社会意义,去构造诸如哲学、道德等理论形式,但意识仍是依存社会现实基础存在的,这是符合现实生活的考察方法。

"在思辨终止的地方,在现实生活面前,正是描述人们实践活动和实

---

① 《马克思恩格斯文集》第1卷,北京：人民出版社,2009年,第519页。
② 《马克思恩格斯文集》第1卷,北京：人民出版社,2009年,第525页。
③ 《马克思恩格斯文集》第1卷,北京：人民出版社,2009年,第525页。

际发展过程的真正的实证科学开始的地方。"①接下来的问题是历史主体性该怎样体现？个体的生活是否可有可无,不会改变历史发展方向？"我们的出发点是从事实际活动的人,而且从他们的现实生活过程中还可以描绘出这一生活过程在意识形态上的反射和反响的发展。"②这表明了马克思历史唯物主义的立足点就是现实生活世界,即现实的人的现实的、感性的生活过程。

第三节 马克思回归生活世界的社会历史批判与现实启示

马克思通过对人的活动的分析,考察了生产力和交往关系的矛盾发展,以现实的人的对象性劳动或实践为逻辑基石,强调人类生活的前提是主体的活动和其物质生活条件,突破了以往旧哲学的研究主题,至此,哲学的研究对象从唯心主义观念本体和旧唯物主义的宇宙本体转向现实的人的生活世界。

一、形而上学批判：哲学的本体论和认识论革命

马克思把握世界的方式较之传统西方哲学视域出现了根本性的转变,在哲学上重新又把生活世界作为主题,即回到了现实的人的生活世界。1841 年《基督教的本质》一书出版,费尔巴哈解释生活的话语系统和理论体系,让马克思恩格斯"热烈地欢迎这种观点"。但马克思很快认识

---

① 《马克思恩格斯文集》第 1 卷,北京：人民出版社,2009 年,第 526 页。
② 《马克思恩格斯文集》第 1 卷,北京：人民出版社,2009 年,第 525 页。

到,费尔巴哈的"异化"体系既无法说明社会生活中的不公正现象,也无法揭示生活的本质。

马克思主义之前的唯物主义理解中,世界是可以脱离、抛弃精神意识的实体性的存在,这种客观现实甚至等同于物质和自然。世界成了人之外的对象,这样的世界不需人的存在联结,人只能观照和讨论,却无法参与创造和构建,无法赋予其价值和意义,马克思认为这是敌视人的哲学。人在世界面前失落了主体性和能动性,"人不是抽象的蛰居于世界之外的存在物"[1],这句话的另一面是在表达人对自然、对社会是有改造效能的,是能发挥实践能动性的,生活世界不是人之外的过程,而是人活动范围内的东西,它是一种生生不息的流动状态,随着人实践活动和认识活动而扩大,其中呈现的斑斓、驳杂的色彩和图景形塑着我们生活的现实世界,它的核心是人,是人类自身创造性劳动展开的历史过程和结果。

《1844年经济学哲学手稿》中,马克思用自己的理念和思维方式,基于生活问题分析解读劳动异化现象。《关于费尔巴哈的提纲》探求了作为人的认识基础的社会生活具有的本质规定性,即实践性。马克思恩格斯的《德意志意识形态》阐明感性世界是感性活动的前提,是对费尔巴哈、黑格尔的哲学进行总结和清理,马克思恩格斯批判了客体至上,无视人的唯物主义;也批判了自然至上,只关注人的自然生物性、只看到抽象的人的唯物主义。

恩格斯在《在马克思墓前的讲话》中指出,揭示了人类历史的发展规律的唯物史观是马克思"两个伟大发现"之一。在《德意志意识形态》的"费尔巴哈章"中,历史唯物主义的思考倾向非常明确,"上帝"、客观唯心的"绝对理念"、主观唯心自我至上的"自我意识",它们对社会现象和历史事件的遮蔽,都被马克思恩格斯排除了,一条独特的解释世界的致思方式确立了起来,进而形成了社会实践的理论基石,思考感性世界人的实践

---

[1]《马克思恩格斯文集》第1卷,北京:人民出版社,2009年,第3页。

活动如何解放自身，建立真正属人世界、人自由全面发展为最终目标的满足生活需要的现代哲学。

二、资本批判：马克思现代性批判之于建构美好生活的现实启示

"启蒙"使得理性时代到来，在工业文明和科技催生下，资本主义的生产方式、社会文化和意识形态，不仅提供着生活场域，也建构着人们的思维方式，影响和塑造着生活观念和生活态度。资本主义生产生活方式和生活价值取向一度成为主流。

马克思生活在现代世界的开端，在这样的历史语境下，他对资本渗透下的生活图景作了展示，强调了其中的金钱性、交易性，生产社会化与私人占有之间的矛盾，让资本主义生产关系成了唯剩"现金交易"和利害的窄化关系。金钱成了主宰，崇高情感被解构和轻视，家庭关系也变成了金钱交易关系，原本令人尊崇、敬畏的职业，如教士、学者、医生等都成了被雇佣的劳动者，职业失去灵光，人的尊严变成可交换物。旧的生产关系成了捆绑生产力的锁链，势必要被打破。

1856年4月14日，在《人民报》创刊纪念会上，马克思的演说肯定了资产阶级创造的巨大生产力，但也指出了资本主义生产关系的局限性："一方面产生了以往人类历史上任何一个时代都不能想象的工业和科学的力量；而另一方面却显露出衰颓的征兆。"[①]

在马克思展现的现代生活图景中，时代包含着它的反面，机器提高生产效率却引起竞争加剧、劳动者失业和工作量骤增，技术不加节制的无度使用换来的是道德沦丧，"财富的新源泉……变成贫困的源泉"[②]。工业、

[①] 《马克思恩格斯文集》第2卷，北京：人民出版社，2009年，第579页。
[②] 《马克思恩格斯文集》第2卷，北京：人民出版社，2009年，第580页。

科学技术更迭却并未解决人们的生活贫困、衰颓问题,社会的生产和资本主义占有互不相容,这反映出资本主义现代化道路上生产关系、交往关系与生产力发展之间的内在矛盾。

从"解释世界"到"改变世界"的理论路向,从"抽象的人""绝对理性"到"感性现实的人"的感性活动,从"民族历史"到"世界历史"的交往实践观,构成马克思现代性视域的核心层面,对启蒙时代以来的资本主义现代性起到了根本性的变革。

"重新发现"生活世界意指在马克思主义的批判路径之上,建构合目的性和合规律性统一的现代化生活。美好生活何以可能?马克思主义以其科学的哲学基石,为今日中国式现代化的实践进程建构了逻辑通路,其理论启示包含以下几点:首先,"现实的人"的实践过程是建构美好生活的基础。第二,建构美好生活要处理好生活世界的交往实践关系,它涵盖了人与自然的对象性关系,人与人的社会交往关系,以及人与自身的关系。第三,美好生活的终极旨归是每个人的自由全面发展。

(一)"现实的人"的实践过程是建构美好生活的基础

"现实的人"是历史中是从事感性实践活动的具体的人,实践是发展的人存在本身,是"现实的人"的本质,人的全部生活都能在实践中找到答案。马克思主义是关注人的实际生活过程的理论。

最基本的实践样式是生产劳动,这些实践活动以及所创造的物质生活条件的全部,组成了社会物质层面的存在。实践并不仅仅指无思的行动,实践也是一种思维方法,包括对实践目的的价值追寻,对实践方式的批判性反思等。实践思维随着时代和实践发展而演化,根据时代和实践特征,探索完善现有思维体系。指导中国美好生活构建的理论体系——马克思主义中国化时代化的几次历史性飞跃,恰恰是这套思想体系生命力的体现和展开,是对马克思主义精神实质的中国化、时代化的诠释。

（二）建构美好生活要处理好生活世界的交往实践关系

马克思是从实践思维感性活动去解决人与生活世界的关系问题，马克思实践的思维方式辐射于生活世界关系的各方面，为人们把握人与自然、人与社会、人与自身的关系提供了新的认知视角和方法论。

首先，处理好人与自然的对象性关系。旧唯物主义者眼中，自然是与社会历史无关的天然的、自在的自然，殊不知"周围的感性世界决不是某种开天辟地以来就直接存在的、始终如一的东西，而是工业和社会状况的产物，是历史的产物，是世世代代活动的结果"。① 旧唯物主义者只看到人慑服于自然的一面，所以当他们面对社会历史，"这些东西扰乱了他所假定的感性世界的一切部分的和谐，特别是人与自然界的和谐"②，他们没有认识到感性确定性是社会发展的交往实践提供给他的。而工业革命后，人对自然的态度又走向了另一个极端，由"自然决定论"的对自然崇拜转向了"人类中心主义"的对自然"征服"，试图用科技控制自然，忽视对自然生产力的保护，这加重了对自然的掠夺，马克思恩格斯对这种不合理生产方式提出了批判。人与自然的社会历史性关系，实质是实践关系，这种关联是联结于实践的，"是在人类历史中即在人类社会形成过程中生成的自然界，是人的现实的自然界"，③这启示我们应从两方面把握人与自然的关系，一方面，人靠自然生活，自然提供生活资料给人们；另一方面，人的对象化活动有观念对象化和实在对象化两种，人通过实在对象化活动对自然界进行物质改造，使自然界呈现熔铸人的物质性力量的感性自然界，同时通过观念性对象化活动，以表达自己意愿的理论、艺术来认知把握自然。

其次，从处理好人与人的社会交往来说，社会是人的生活场景、生活

---

① 《马克思恩格斯文集》第1卷，北京：人民出版社，2009年，第528页。
② 《马克思恩格斯文集》第1卷，北京：人民出版社，2009年，第528页。
③ 《马克思恩格斯文集》第1卷，北京：人民出版社，2009年，第193页。

空间,人是社会性的而非抽象性的、先验性的"类聚合",人是在变革生活世界的交往实践中成其为人的存在者,这些交往实践构成了生活世界鲜活丰富的内容和场景。"人的依赖关系(起初完全是自然发生的),是最初的社会形态……以物的依赖性为基础的人的独立性,是第二大形态……建立在个人全面发展和他们共同的社会生产能力成为他们的社会财富这一基础上的自由个性,是第三个阶段。"①最初在生产力不发达的情况下,人的交往停留在为生存而交往的层面,而且因为交通条件和通信技术限制,表现为血缘间的自然性依附性交往。"物的依赖关系阶段",是建立在生产方式、交换方式转化的基础上,因为在商品经济下,货物、劳动、技术、服务都成为商品交换内容。资本主义生产方式变革带动了人们交往形式的变化,把"整个地球作为它的市场",资本主义交往关系下一切交往形式都是商品化的交换关系,物化迫使人产生新依赖,人际之间正常交往温情不再。在交往中民族国家间因贸易流通也产生新的依赖,从世界市场范围看,造成了新的殖民和依附,"正像它(指消费和生产)使农村从属于城市一样,它使未开化和半开化的国家从属于文明的国家,使农民的民族从属于资产阶级的民族,使东方从属于西方"②。这启示着我们,变革"物的依赖关系阶段"的交往关系是建构美好生活的必经阶段。

最后,人与自身的关系。人是人的第一个对象,"人在理论上和实践上都把类——他自身的类以及其他物的类当作自己的对象"③,人依赖自然、社会、自身而存在,但只有具有了主体意识,与客观存在实现分化,主体才能生成,"人能够意识到自己是人,并能自觉地按照人的方式和要求去做人、待物、行事"④,人的主观世界指导着人去改造自然参与社会活

---

① 《马克思恩格斯全集》第46卷,北京:人民出版社,2003年,第104页。
② 《马克思恩格斯文集》第1卷,北京:人民出版社,2009年,第36页。
③ 《马克思恩格斯文集》第1卷,北京:人民出版社,2009年,第161页。
④ 《马克思恩格斯文集》第1卷,北京:人民出版社,2009年,第533页。

动,这启发着我们人自身发展的程度取决于人认识自身、改造自身的程度。

(三) 每个人的自由全面发展是美好生活的终极旨归

马克思对资本社会结构的批判,不是调和式的批判,而是历史的、辩证的批判,马克思主义要打破对人的依赖、消除对物的依赖,最终抵达自由自觉的全面发展阶段,走向人的全面自由解放的社会,共产主义社会的交往形态为何谓美好生活提供了标尺。

生活世界是本真的、人们现实生活的活生生的世界,是一个不断生成的过程,资本主义现代性不是历史的终结,只是人类社会变革发展的一种文明形态。在《社会主义从空想到科学的发展》中恩格斯指明了现代无产阶级的历史使命,他从现代生产力的社会本性出发,分析了资本主义的基本矛盾,指出变革资本主义的根本途径是无产阶级革命。以无产阶级为主体力量、以人的自由全面发展为理想归宿的历史实践活动,为中国现代化生活扬弃人的异化的日常交往和非日常交往形态指明了必要性并提供了可能性路径。科学社会主义的任务在于,让现代无产阶级在社会生产中成长与发展起来,认识到自己肩负的历史使命和所处的历史条件,从而完成解放自身和解放全人类的事业,使每个人都能过上自由全面发展的有价值的生活。

第三章 植根生活世界实践：中国共产党对美好生活理解和追求的时代化转换

- 第一节 新民主主义革命时期的探索
- 第二节 社会主义革命和建设时期的探求
- 第三节 改革开放和社会主义现代化建设新时期的跨越
- 第四节 新时代对人民"美好生活"追求的统筹布局

第三章 | 植根生活世界实践：中国共产党对美好生活理解和追求的时代化转换

美好生活的理念最终要落脚到实践中才能成为现实，美好生活的实现也是在社会历史进程中推进的，本章主旨是聚焦中国共产党重视人民现实生活、植根生活世界，在社会历史发展的不同阶段积极回应人民的生活需要并组织引领人民创造更好生活的现实行动，分析美好生活的历史生成和实践逻辑。

《中共中央关于党的百年奋斗重大成就和历史经验的决议》以四个历史分期——新民主主义革命时期、社会主义革命和建设时期、改革开放和社会主义现代化建设新时期和中国特色社会主义新时代，总结了不同历史阶段的伟大成就，我们可以看到中国共产党在不同时代中均致力于改善和提升人民生活水平和质量，带领人民创造更美好的生活是贯穿中国共产党百多年来各个历史时期发展的主线。中国共产党的领导对人们生活需要的引领和回应，让马克思主义对生活世界的关注和阐释从科学社会主义理论变成了实践，并在马克思主义中国化时代化的进程中，赋予了与时代发展相结合的中国特色和历史主题。

"中国共产党一经诞生，就把为中国人民谋幸福、为中华民族谋复兴确立为自己的初心使命。"①李大钊在《我的马克思主义观》中，表明了中国的马克思主义者关心关切中国社会现实和民众生活的这种特质，他指出生活现象被传统学界认为是"卑微暧昧"不值得进入历史和哲学研究视野的，但社会生活的构造和演进却是历史唯物论者眼中值得研究的价值之物。他引用了《共产党宣言》对人的观念、意见及概念的分析，指出意识的东西随着生活关系、社会的关系、社会历史存在共同发生演进，还引用

---

① 习近平：《在庆祝中国共产党成立100周年大会上的讲话》，《人民日报》2021年7月2日，第2版。

了《哲学的贫困》中对生产、生活资料、社会关系的论述,进而分析了近现代的经济现象。可以说中国马克思主义者的现实意识从来都在场,既有从传统学统承继的讲究学以致"用",为学修身是为"齐家、治国、平天下",也有着极强的时代现实意识,把强调无产阶级的解放和人类的解放深入到社会变革的现实中,扎根于中国特色社会主义的实践中,这与马克思主义的价值诉求高度统一,在方法论上,注重以马克思主义基本原理、立场、方法分析改造中国社会的实践,再由实践总结升华概括出适合中国国情的马克思主义中国化理论,目的是为中国现实生活服务。

共产党人的初心使命贯彻在从革命到改造,从建设到改革中,为民族谋复兴、为人民谋幸福,都是对社会主义的认识深化,表达着对人民日常生活层面的看重,四个历史时期的伟大成就是伴随着对人们生活需要的关注、回应、改造、引领发展而来的。

中国共产党坚持最高纲领和最低纲领相统一,把观照未来与面向当前相结合,共产主义最高纲领的理想始终未改,引领着人民生活的价值追求;并在各个历史时期在远大理想和国情现实之间确立不同的最低纲领,根据历史条件、时代背景、社会主要矛盾的变化,统筹兼顾,制定实事求是的奋斗目标,积极回应不同时期人民群众的生活需要,进而也影响和塑造着中国人民的生活实践和生活方式。

第一节　新民主主义革命时期的探索

如毛泽东同志在《论人民民主专政》中所指出的"十月革命一声炮响,给我们送来了马克思列宁主义"[①],随着马列主义与各种理论思潮进入国

---

① 毛泽东:《毛泽东选集》第4卷,北京:人民出版社,1991年,第1471页。

人视野,五四运动爆发前后,在各类学说理论的甄选鉴别中,中国先进分子选择了马克思主义。新民主主义革命时期,中国社会现实生活经历了剧烈的变迁过程。中国的国民经济在帝国主义盘剥之下,成为其经济机体的附庸,生产力受到严重束缚,这些使西方资本主义文明在中国被重新评估思考,《中国共产党党纲草案》中指出不同阶层如中产和劳动人民在土地兼并、资本主义侵入之下,政治生活和经济生活都被支配了,"失掉了生活的保证",工业化大生产加剧了劳动人口的竞争,劳力变得更加"贱价","使他们无法生活"①。这样的生活现实,激发了劳动者阶层的革命意识。《新青年》的新宣言表明,思想转变并非出于冲动或趋时行为,而是出于"现实生活的剧烈变迁",通过"社会现实生活的教训"更明确地认识到"非劳动阶级不能革命"。②

李达在《社会革命底商榷》中分析了革命的原因,他认为社会革命不是抽象真理产生和人的智力发明,而是生产方式的变迁引起的社会经济结构变革,人类生活需要物质生产交换等环节的支撑,由此组成的经济生产和交换方式构成社会基础,在谈到革命目的时,他认为个人和社会全体能自由发达的前提是,在推倒特权、阶级社会后,"生产机关为真正的生活机关"。《讨论社会主义并质梁任公》中,他再次从生活角度,谈到了革命路径,"想为中国无产阶级谋幸福……就要使他们获得生活必须资料……这就要开发生产事业"③。

李大钊认为,劳工阶级的革命意识、阶级自觉被唤醒,是因为他们的生活境遇变得越发贫苦困难。他在《再论问题与主义》中指出,一个问题

---

① 中共中央文献研究室、中央档案馆:《建党以来重要文献选编(一九二———一九四九)》第一册,北京:中央文献出版社,2011年,第248页。
② 中共中央文献研究室、中央档案馆:《建党以来重要文献选编(一九二———一九四九)》第一册,北京:中央文献出版社,2011年,第237页。
③ 中共中央文献研究室、中央档案馆:《建党以来重要文献选编(一九二———一九四九)》第一册,北京:中央文献出版社,2011年,第521页。

能成为社会议题,是因为这个问题关切多数人的生活,而当这类社会议题出现时,应该以"主义"引导之,"主义"是为了给"问题"指明方向目标,而检测主义是否值得坚持的标准是"实验自己生活上满意不满意的尺度"。只有当社会议题、理想主义都与大众生活切实相关联时,民众才真正有动力有意愿去解决这个"真问题"。不然,如果这种所谓正在研究的"社会问题"跟大众生活无关,人们没有破解它的诉求,那便成了假问题。他认为中国的马克思主义者的"主义",是建立在关切民众生活,直面"真"社会问题基础上的关于理想社会的标本,这个"主义"是让民众"知道这新社会的生活可以希望,以求实现世界的改造的计划"。①

华南地区马克思主义早期传播者杨匏安在《马克思主义》一文中,较准确地把握住了唯物史观的理论特质,他认为这之前的理论,都不关注社会现实生活,而马克思主义唯物史观很透彻地明晰了社会生活与自然的关系,并阐明了社会生活发展规律原则,从此使得探索社会生活有规则有理论可依循,他认为这是社会哲学史上空前的革命,是非常实用可以指导生活的史学方法。蔡和森在关于中国革命问题给毛泽东的信中,也认识到了类似的问题,他认为过往的哲学并不关心无产阶级,不关心社会生活实际,"重精神轻物质"。早期青年运动领导人之一的恽代英,也较早认识到了唯物史观的社会历史性,他从分工的结果认识到生活的社会属性层面,提出"生活不是独立自己的",而是"互助共存的"。

由于能够抓住中国社会最主要的矛盾,将现实生活作为思考中国问题的出发和归宿,在科学理论的指导下,中国共产党正确认识中国社会性质,制定民主革命纲领,承担起探索民主革命的重任,发动工人运动、青年运动、农民运动等,顺应了生产力发展要求,与群众建立了有机联系,让马

---

① 中共中央文献研究室、中央档案馆:《建党以来重要文献选编(一九二一——一九四九)》第一册,北京:中央文献出版社,2011年,第432页。

克思主义者在与全盘西化者以及新儒家的交锋激荡中,得到了最广大人民的拥护,由实践自发走向实践自觉。

一、对工人阶级生活境况的关注和改善

中国共产党早期便关注工人阶级的生活境遇,领导工人运动主要内容之一是保障工人权利的实现,改善工人的生活现状。建党前在《北京共产主义组织的报告》中,早期共产主义小组已经意识到生活境况对革命精神的激发作用,报告认识到政治解放不代表人的解放,指出政治向度的革命需向社会向度的革命过渡,而工人有意愿革命是因为有生活诉求,是他们因社会制度不公而被压迫的悲惨经济生活。生活处境、生活遭遇也是通往社会革命的联结点,共产主义小组人员注重宣传教育与工人实际生活结合起来,鼓励工人在识字书写中写出生活遭遇,"关于家庭生活和日常生活情况"。①

陈独秀分析怎样打倒军阀时,已很重视劳动阶级的革命诉求以及他们在国民运动中的重要性。他认为不要迷信宪法,以为靠现成法律就可以革军阀的命,只有劳动群众才有真正的革命意愿,他们现实生活的要求,被压迫的生活现状,这是革命的前提,是贫农阶级和工人阶级战斗力的源起。在《中国国民革命与社会各阶级》中,他认为与其他各社会阶级相比,工人们之所以在对待革命时具有决战态度,是"因实际生活"所受的压迫,因而能成为"革命急进的先锋"。

1921年8月,陈独秀答复区声白(无政府主义者),二者就无政府主义进行论战时,陈独秀已经有了唯物史观的观点,他反对无政府主义,

---

① 中共中央文献研究室、中央档案馆:《建党以来重要文献选编(一九二一—一九四九)》第一册,北京:中央文献出版社,2011年,第12页。

将民众生活境遇的改善纳入社会制度的改造视野当中,他认为除非社会革命,否则就无法改变"资本制度支配他们的生活"的现状。就此,革命者"唯一的使命只有改革社会制度"。① 他看到了物质生活的基础性,指出社会制度应保障物质层面的平等,呈现物质生活的自由,"便是正当的人生"。

同年,中国劳动组合书记部宣言中,党中央已关切到劳动者被剥削的生活境况。宣言指出资本主义新式生产制度下,贱价的劳动力在竞争中越发生活悲惨,他们成为资本剥夺者的工具,劳动者被集中到血汗工厂,成为机器附属物,工资却极低廉,导致仍"不能维持自己生活"。1922年5月第一次全国劳动大会宣言中,也再次强调了男女工人在新式(指资本主义)生产制度下如牛马奴隶,即便被剥夺至此也"不能维持自己的生活"。

1921年,劳动组合书记部湖南分部主任毛泽东到安源路矿就工人生活情况做调查,并派李立三开办了贴近工人生活的安源工人补习学校;派郭亮到岳阳建立工人组织即铁路工人俱乐部,并联合株洲、长沙多站点,构架起粤汉铁路工人俱乐部联合会,参与改善工人群众生存现状和生活待遇。

1922年5月1日,蔡和森在《中国劳动运动应取的方针》指出在"以资本掠夺劳动"的根本冲突之下,想要打破工人们要么"卖力"要么"饿死"的命运,"只有根本改造社会制度"。他看到了"增加工钱""减少时间"只是对现有不公生产制度的维护,认为这些手段只是"救急的要求运动罢了"。工人阶级要跳出"工钱奴隶"被奴役的地位,不仅仅要发动劳动运动以反抗生活的压迫,最根本的是要彻底地进行社会革命,工人们才有可能过上"为消费而生产"的社会生活。

---

① 中共中央文献研究室、中央档案馆:《建党以来重要文献选编(一九二一——一九四九)》第一册,北京:中央文献出版社,2011年,第26页。

同年《中国社会主义青年团纲领》中,也是以生活状况的改良为目标指明团的奋斗方向,并提出不同青年群体的"生活状况改良的议决案",其中关注到了丝厂、纺纱厂、煤矿、香烟厂的男女童工生活状况,并注意到了青年农民因土地兼并,由自种变佣工的失地现象。党的《第三次全国大会决议案及宣言》中也特别阐发了要关注青年生活,强调了在组织、教育青年工人时,宣传物要注意呼应和回应他们的实际生活状况和生活要求。1922年党对时局的主张分析中,从人民的生活基础出发,总结出调动人民需要政治上的组织力,指出缺乏政治感觉力与组织力的原因是几千年的封建政治,深入分析了中国具体社会结构,认为中国作为农业国,农业经济基础是"人民生活基础",这是被长久以来政治经济结构决定了的。

中共二大宣言指出,机器大工业和生产技术的发展,国际帝国主义宰制下资本的流通带来的却是中国手工业者的大量失业,生活被剥夺。同时,在通商口岸城市的银行金融操纵下,整体来看中国经济生活都陷于动荡恐慌的状态中。

这一时期李大钊的"民彝"史观,是一种重视现实平民大众生活的群众史观,在《平民政治与工人政治》中,他把"主义"与生活有机联系起来,称平民主义"是一种生活的大观",目的在于废除屈服与统治的关系,是属于人民、为了人民、"由于人民的","打破擅用他人一如器物的制度"。① 这对于发动群众,以社会革命开启生活变革有着重要现实意义。李大钊认为劳动问题的祸源是劳动者生活不安宁,资本方通过延长工时盘剥劳动者的劳动时间,而付给劳动者劳力的报酬却削减到不能维持生活。资本主义的目的在得利润,而社会主义的经济组织的优越性在于除去必要生产,能够缩减过劳的工时,剩余劳动"可用以美化人们的生活",以得

---

① 中共中央文献研究室、中央档案馆:《建党以来重要文献选编(一九二一——一九四九)》第一册,北京:中央文献出版社,2011年,第115页。

"复苏娱养"。①

同时期陈独秀在《造国论》中把经济生活的重要性与建造一个真正的民国结合起来,他认为国家的建设发展应以人民的幸福为旨归,"人民的幸福又以经济的生活为最切要,经济的生活不进步,所谓人民的幸福,仍只是一句空话"②。

国共合作前夕,面对中国的社会结构和阶级实际,党认为应引导劳动人民"由日常生活的争斗到政治的争斗"③。瞿秋白也从生活入手,分析落后国家进入社会主义的路径,要经由无产阶级为主要革命力量的民权革命,提出"实际生活要求民权主义","政治标语不能落于实际生活之外",他类比了俄国革命情况,认为在资本主义发展程度较浅的情况下,对日常政治生活提出社会主义的解决方法,是因为"资本主义改组社会生活的火候还没到",他引用了列宁针对俄国革命的话,认为民权革命的性质仍是资本主义民主主义范畴的,发动革命领导革命成功的关键是"在这范围内争无产阶级生活里迫切的需要"④。

1923年中共三届一次中央执行委员会各委员报告中,分析了工人生活与工人组织的关系,上海区报告认为上海的机器工人组织之所以无形消失了,是因为我们办的机器工人俱乐部和工人们"生活利害关系太不相同"。而湖南区安源的劳动运动之所以能"现状颇好",是因为工人能在工会指挥之下"练习自洽生活"。

---

① 中共中央文献研究室、中央档案馆:《建党以来重要文献选编(一九二一——一九四九)》第一册,北京:中央文献出版社,2011年,第207页。
② 中共中央文献研究室、中央档案馆:《建党以来重要文献选编(一九二一——一九四九)》第一册,北京:中央文献出版社,2011年,第186页。
③ 中共中央文献研究室、中央档案馆:《建党以来重要文献选编(一九二一——一九四九)》第一册,北京:中央文献出版社,2011年,第259页。
④ 中共中央文献研究室、中央档案馆:《建党以来重要文献选编(一九二一——一九四九)》第一册,北京:中央文献出版社,2011年,第311页。

1927年大革命失败后,就工人的革命地位和组织方式问题,毛泽东以"工农武装割据"进行创造性解答,同时成就了符合中国国情的革命道路。1940年毛泽东为《农村调查》写的跋中,仍然重视工人生活改善,指出资本主义经济发展与工人劳苦大众生活改善之间斗争联合的双重特性。

二、对农民生活的调查和提高

土地是农民赖以生产、生活的凭靠,一大的会议决议里,主张将农地这种生产资料"归社会公有";二大提出限制田租率,废除重税,对土地税则进行规定,主张将军阀、官僚的田地分给贫苦农民。

陈独秀在《中国农民问题》一文中指出,中国共产党人分析了内地农村的家庭农业生活,看到了半殖民地半封建的中国,由于军阀争斗、贪官劣绅带来的生活扰乱,土匪遍地以及灾荒之苦,农民生活越来越陷入困难。通货膨胀导致物价高企,生活成本持续增长,地主也随之加紧了对佃农和雇工的生活"需索"。但陈独秀对社会各阶级分析具有局限性,他认为农民力量较分散,不容易集中组织起来进行大规模运动,与无产阶级相比不需要大规模的共同生产共同生活,并认为农民阶级革命意识不强,生活欲望较简单保守,不易发动其参加革命运动。

1923年《新时代》创刊号上,毛泽东已经认识到农业生活的比重问题,在文章《外力、军阀与革命》中,他分析出中国经济实际构成大部分属于农业经济生活,工商业只零星分布在铁路沿线和沿海沿江地区,这对于认识社会各阶级构成和分布有重要铺垫作用。毛泽东历来重视农民生活,他认为革命与生活是不可须臾分割的,组织革命意味着"我们又是群众生活的领导者、组织者。组织革命战争,改善群众生活,这是我们的两大任务"[①]。

---

① 毛泽东:《毛泽东选集》第1卷,北京:人民出版社,1991年,第13页。

他把农村调查作为全面了解农民生活的基础,1926 年对湖南湘潭西乡调查后写就的《中国佃农生活举例》,分析了佃农被挤离土地变成游民兵匪的原因,小部分佃农靠种地的正业根本无法满足生存所需,但即使大部分人都开拓了副业,虽然正业副业都很勤勉却仍然入不敷出"与生活相挣扎"。① 1928 年颁布的《井冈山土地法》规定土地分配给农民耕种,得到分配土地者,均需强制劳动(老幼疾病者除外)。1930 年《寻乌调查》中,毛泽东通过对盐、布匹和一百三十多种洋货等各种货物实地调研,剖解寻乌城的生活情况。调查将贫民群体区分为四类,由半自耕农、生活较好的佃农、较穷苦的佃农、最贫穷佃农组成。他们寻求各种"添补生活办法",出卖体力,制作小商品,出售吃食,但仍只是勉力维持生存。在寻乌的土地斗争中,土地是按照生活财源多寡分配,但"每人得田数量不足生活之补添"。

  毛泽东多次调研各地土地分配、土地斗争情况,在东塘村、木口村、才溪乡、长冈乡以及江西其他地区都形成了调研考察报告,分析了农村中各阶级、阶层的生活概况。1933 年 11 月在长冈乡调查中,分析苏维埃想要取得百姓信任,动员民众参加红军,激发民众参与反"围剿"斗争的内在动力,需从"切实改良群众生活"入手,共产党政权要成为"群众生活的组织者"。他具体分析了长冈乡贫农、雇农、中农各阶层的生活变化情况,指出正是"生活好起来,柴火少出卖"才起到了动员长冈乡人民参军的成效,文章还认为要激发群众改善生活的自主性,分析了长冈乡苏维埃代表选举的缺点:"宣传没有指出,苏维埃是群众自己管理自己生活的政权。"② 同年的才溪乡调查,毛泽东聚焦日常生活消费的物价、场所和劳动力问题等几个方面分析了当地经济生活,其中,从米、肉、衣、盐、油日常生活方面进行了暴动前和暴动后的对比。1934 年毛泽东在《关心群众生活,注意

---

① 毛泽东:《毛泽东农村调查文集》,北京:人民出版社,1982 年,第 34 页。
② 毛泽东:《毛泽东农村调查文集》,北京:人民出版社,1982 年,第 297 页。

工作方法》一文中强调要得到群众拥护需从群众生活入手,革命斗争要与解决"一切群众的实际生活问题"①配合起来,苏区困难的民生,需要革命组织者去面对解决,只有真实解决了民众生活需求,苏维埃政权才能真正成为"群众生活的组织者。"

三、对其他阶级、阶层生活的分析

党对其他阶级、阶层生活的关注和认识深化,为推动形成统一战线理论奠定了基础。陈独秀在《中国国民革命与社会各阶级》中,分析了小资产阶级的生活境况,他认为小资产阶级并非可担任领导力量的阶级,他们"生活不安",在革命的坚定性上不足,且抱有革命浪漫主义。

毛泽东在寻乌调查中将大中地主分了三类,一类是接受资本主义影响多的地主,"生活比较奢华""他们什么洋货也要买";一类是守旧地主,不抗拒时势潮流,"生活介于节俭与奢华之间";还有一类属于有着帝制梦的封建保守地主,排斥民权主义,"生活是很节制的"。对于地主阶级中占绝大多数的小地主,毛泽东分析出"他们在全般政治生活中是受中地主阶级统治的",中地主商业化程度不如小地主,"多半还在一种封建经济的领域中过生活"②,也看到了一些濒于破产的小地主的革命性,"变卖田地才能维持生活""靠借债维持生活的",他们加入寻乌的革命中。

1921年建党后开办周刊《妇女评论》,主编陈望道指出,在此时中国谈妇女生活问题,如同旷野呼声,尽管微弱但仍要尽一份微意。同年开办的妇女刊物还有李达主编的《妇女声》,旨在唤醒妇女的劳动革命诉求。1921年创办的上海平民女校,也是关注女性生活,唤醒女性革命意识的

---

① 毛泽东:《毛泽东选集》第1卷,北京:人民出版社,1991年,第136页。
② 毛泽东:《毛泽东农村调查文集》,北京:人民出版社,1982年,第127页。

重要尝试。1923年《中国共产党第三次全国大会决议案及宣言》中关于妇女问题的决议案，对女性群体的生活境况也给予了关注，主张以出版物等宣传形式，指导日常的妇女生活。李大钊在《劳动问题的祸源》中批判工厂制度时，专门谈到了儿童和妇女的工作问题，这部分劳动者更是没有讨价能力，她们为了生活，劳力过度，在孕育期也不得不去工作，从身体到精神上都承受着痛苦。向警予在1923年《中国妇女宣传运动的新纪元》中，从中国妇女群体所经历"历史的社会的特殊生活"，分析了中国妇女的心理和习性及其中存在的问题，如只对饮食、男女话题、装饰感兴趣，不关心社会政治，缺少独立意识，面对"生活难"的叹息，她创办了《妇女日报》，希望唤醒女性的思想能够走出家庭、超出自身，关切社会议题、政治生活。延安时期，毛泽东对中央妇委妇女生活调查团的讲话强调了调查是"必然的，必需的"，并强调对调查情况的了解是长期的。

四、重视劳动与生活的联系

旧封建社会生产方式下，劳动者地位低下，劳动是降低到生存层面的苦役，不是实现自身价值的本质活动。马克思主义传入中国后，马克思主义劳动观唤起了对劳动塑造生活的觉醒和挖掘。从新文化运动"劳工神圣"的口号到工农运动中对劳动者力量的重视，劳动与生产方式正义问题联系在了一起。

土地革命战争十年，中央苏区在极为有限的条件下，通过了《中华苏维埃劳动法》，实行工作时长、最低工资、社会保险等劳动权益保护。抗日战争相持阶段，边区广泛开展大生产运动以缓解经济封锁的生活困难，1942年到1945年延安时期，陕甘宁边区通过举行生产竞赛，开展树立宣传劳动英雄和劳动模范工作者的运动，以"新劳动者"命名这些行家里手，开展劳动竞赛，唤醒每个劳动主体"做人"的权利和价值感，并形成了劳模选拔表彰制度;发动"自己动手,克服困难"的群众生产运动,指出"生产是解决一切问题的中心";把革命与劳动生产结合起来,强调以劳动改善生活能更利于革命的发展。

毛泽东主张鼓励民众从劳动中获得生活满意感,主张提升劳动的地位,发挥劳动者的作用。大生产运动的蓬勃开展,极大改善了生活条件,还改变了轻视劳动、轻视劳动者的落后的封建观念,使劳动光荣、劳动者伟大的观念深入人心。他指出要平衡好群众的休息与劳动,主张在劳动中创造意义、感受价值。

第二节 社会主义革命和建设时期的探求

新中国的建立初始,面对国民党留下的一个经济崩溃、通货膨胀、生产萎缩、物资奇缺、民生凋敝的中国,从无到有缔造人民生活的物质基础,是共产党人面对的最紧迫、最现实的问题。这一阶段,日常生活的组织形式与社会总目标是高度同构的,个人生活是政治总体化结构的构件。

一、医治战争创伤,重建和平生活

抗美援朝战争爆发后,军费开支占到全国总支出的60%以上,能够用于经济建设的不到30%。《目前的经济形势》中指出,"战争的创伤还待我们去医治,人民生活还有很多的困难"[1],此时经济发展主要任务是完成工业化。在工业化道路选择上,如何确定"农、轻、重"的发展顺序是

---

[1] 中共中央文献研究室编:《建国以来重要文献选编》第一册,北京:中央文献出版社,2011年,第304页。

摆在中国共产党面前的首要问题。1950年《国家的工业化和人民生活水平的提高》报告,传递了发展生产与改善生活相一致,人民生活和国家建设相兼顾的思想。

中华人民共和国成立初期,生产生活设施在十余年战争中破坏损毁严重,煤、钢铁、棉纱的产量大幅降低,失业率达20%以上。解决人民生活吃饭问题、恢复经济成为党和政府重要课题。1950年打击投机资本稳定物价后,因虚假购买力消失,相继发生工厂停产、工人失业等问题,政府合理调整劳资关系、公私关系,平稳解决了这些问题。

土地改革也是重建和平生活重要运动之一,《关于土地改革问题的报告》分析了为什么要土地改革,从提高人民生活水平的重要性角度强调了农业生产发展是工业化的前提,是人民生活水平提高的前提。土地改革完成,三亿多无地少地农民分批获得了约七亿亩土地,[①]提高了农民生活水平。人民政协《共同纲领》从粮食和外销物资以及工业原料的生产强调了国家计划要与"人民生活需要"并重,从生活角度强调走向社会主义的路径,需先"把人民的饥寒交迫的生活变成丰衣足食"[②]。

二、文化生活的政治化同构

1950年国家文教委员会对我国科学工作提出新要求,指明科学要服务于工农业、国防和"人民的文化生活"。这一时期开始注重文化生活的意识形态性,1950年政务院《关于改进和发展全国出版事业的指示》将书籍杂志的出版发行提高到政治高度,强调其作为人民文化生活的重要组成部分,是"极关重要的政治工作"。1951年中共中央《关于加强理论教育的决定

[①] 胡绳:《中国共产党七十年》,北京:中共党史出版社,1991年,第326页。
[②] 中共中央文献研究室编:《建国以来重要文献选编》第一册,北京:中央文献出版社,2011年,第265页。

（草案）》中明确学习政治常识的教材，应着重"从劳动人民的实际生活出发"去浅显直白地解释党的基本政策，"来解释和指导人民群众的日常生活"①。

三、工业化与生活需要的平衡

工业化涉及的是现代化的问题，是为现代化生活奠基。1950年发布的《国家的工业化和人民生活水平的提高》是早期现代化试步的指导思想。报告直面人民生活水平现状，指出让劳动人民过上"富裕的和有文化的生活"②，首先需建立人民民主专政，但这还不是生产的直接发展，而是为发展生产创造条件，接着要以工业化发展提高劳动生产率，走向电气化和工业化。

报告分析了中国人民生活水平的提高是与经济建设发展同向的，要循着先重工业，再轻工业，到农业机械化的经济发展步骤，才能提高人民的生活水平。报告批评了忽视经济发展速度，盲目提升生活福利和生活水平的观点，认为经济发展速度与生活水平是相匹配的，超出经济承受能力，无视生产力水平，只调整生产关系，反而会破坏发展，导致生活水平降低。

工业化建设需要大量资金，经济总量有限的情况下，在建设国家工业化时期，"工业化所需投入与人民生活消费品生产和投入是有矛盾的，长远地看，工业化建设是提高生活水平必经阶段，是改善生活的可靠基础"。文中有了走不同于西方工业化道路的思想雏形，"世界上还有另外一条国家工业化的道路"③，这条社会主义工业化道路不以扩张侵略战争为拓展

---

① 中共中央文献研究室编：《建国以来重要文献选编》第一册，北京：中央文献出版社，2011年，第111页。
② 中共中央文献研究室编：《建国以来重要文献选编》第一册，北京：中央文献出版社，2011年，第456页。
③ 中共中央文献研究室编：《建国以来重要文献选编》第一册，北京：中央文献出版社，2011年，第461页。

必由之路,能使劳动人民避免饥饿、破产的痛苦,进而提高民众生活水平。《中国共产党今后的历史任务》中指出要进一步发展农业和轻工业来积累资金,以"使人民生活迅速提高一步"①。1952年编制五年计划起步,围绕的也是平衡工业化和人民物质文化生活的任务。

1953年元旦人民日报社论《迎接一九五三年的伟大任务》中指出,我国工业化的速度需要采取苏联工业发展进程中的高速度,其目的是"不断提高我国人民的物质生活和文化生活水平"②。但由于工业化程度不高,这是一个长期的过程,短期内无法实现。

邓小平同志1954年所作的《关于国家预算草案的报告》中,强调了预算任务的次序是工业化、国防,同时改善物质和文化生活。从1954年国家预算支出的比例看,61%用于经济(特别是重工业)和文化教育建设,33.7%的开支用于国家行政、国防等方面,这也凸显了物质文化生活的迫切发展需求。关于1954年度国民经济计划情况的报告,指出了随着朝鲜战争的结束,建设规模的展开,国民在生产、生活上提出了更多要求,工业生产部门应根据需要和原材料供应情况,加强生产协作,提高生产效率,以保证人民生产、生活的需要。

1955年7月关于"一五计划"的报告指出,生活现代化以工农业现代化为前提,应该遵循生产力发展的先后次序。报告有专门一部分论及"关于提高人民的物质生活和文化生活的水平问题"③,这部分指出在恢复时期的三年中,物质生活得以改善,文化生活有所活跃起来,第一个五年计划中规定的物质、文化生活提高的指标是现阶段能达到的限度。文章并

---

① 中共中央文献研究室编:《建国以来重要文献选编》第二册,北京:中央文献出版社,2011年,第329页。
② 中共中央文献研究室编:《建国以来重要文献选编》第四册,北京:中央文献出版社,2011年,第2页。
③ 中共中央文献研究室编:《建国以来重要文献选编》第六册,北京:中央文献出版社,2011年,第299页。

不否认当前人民生活水平还是较低的,但生产发展的成果,适当部分需要投入重工业建设发展使用,生活不能一下提高,只有按部就班刻苦发展重工业,才可能实现"将来更加幸福的生活"。

苏联工业化模式下日常生活建设的教训随着斯大林的逝世而逐渐暴露出来,苏共二十大赫鲁晓夫对斯大林模式"揭了盖子,捅了娄子"的揭露和批判给社会主义国家带来了巨大冲击,也给中国带来了"以苏为鉴"的反思。苏联工业化模式遵循以重工业为先的战略原则,但以重挤农、以重压轻,轻工业和农业的不健康发展导致人民生活所需的日常消费品短缺,毛泽东《论十大关系》中,谈到了发展中的农、轻、重比重的协调问题,处理好三者的关系便是正确的工业化道路,文章指出原则即社会主义方向上我国与苏联相同,但建设方式方法上不同。只有保障人民生活需要才能够进而稳固工业化基础。在1956年国家预算的报告中,就"逐步地改善工人生活""农民生活的改善方面""私营工商业者的生活""人民的文化生活水平",对多个阶层人民生活改善分别做了措施执行安排。

党的八大上的几份报告都从人民生活改善的角度聚焦积累和消费的比例分配问题。《正确处理积累和消费比例关系》中指出资金、资料的积累关系到社会主义工业化的速度和消费水平,而日用消费关系到人民的生活改善程度,因此在社会主义工业化中,头等大事是处理好消费和积累的关系问题。中华人民共和国成立以来的经验表明,二者关系协调得平衡稳定,经济生活能协调发展,就有助于提升改善人民生活;当二者关系处理不够妥善,欲速则不达地重消费不重积累或积累比重过高忽视消费,经济生活就发展不够平稳,反而制约了人民生活改善。人民生活的改善不能只靠货币收入,我国的工业化和人民生活改善是密切结合的,生活资料生产的增长更是生活提高的前提。《关于正确处理人民内部矛盾》指出,积累和消费实质是社会生产和社会需要的关系。八大《关于政治报告的决议》强调,消费与收入积累的比重需平衡,不能因为宏大的目标、长远的发展、资金的积累而无视了活生生的现实的人,否则会伤害劳动者的积极性。

工业化是走向现代化生活的必由之路。在这个时期,工业发展的方式、途径探讨,都是在资金、国力有限的前提下,围绕如何平衡发展生产和保障人民生活需要展开的,比如工业、农业、轻工业的比重问题和发展次序问题,比如如何处理生产积累和生活消费的问题,我们走出一条既不同于资本主义工业化道路也不同于苏联工业化模式的中国特色工业化道路,进而建立了独立且相对完整的工业体系。

四、农村生活与城市生活统筹

负责全国财经工作的陈云同志所作的《一九五一年财经工作要点》,把农村生活与城市生活统筹起来考量,指出城乡交流事关全国经济生活,要把农产品"收上来",把城市工业品"销下去"。

在农村生活方面,1950年以农民协会组织农民,通过发展农业副业,组织农民合作生产,以"改善农民生活"。土地改革完成后,1954年起中财委对农产品实行预购合同制,通过预订购买及时掌握棉、茶、粮等农产品数量,目的是逐步"把小农经济纳入国家计划轨道"[①],保证国家建设的同时,满足人民生活的需要。1954年中央农村工作部报告表明,统购统销之后人民购买力提高,生产生活资料出现了供不应求的现象。同年《关于第一个五年计划的几点说明》对农业增产提出建议,通过开荒、修水利、合作化提高生活资料的生产数量和生产效率,已解决当前农业工业生产

---

① 朱佳木、中共中央文献研究室:《陈云年谱》中卷,北京:中央文献出版社,2000年,第207页。

计划不能满足人民生活需要的矛盾。当时提升生产率最有效果的是合作化,这也是后期农村合作化推广扩大的原因。1956年中共八大的政治报告指出,农业合作化"是几亿农民生活史上的一个绝大的变化"①。

就城市生活来说,1954年陈云同志就商业问题指出,为防止农民农产品惜售、城市出现物资抢购、商人囤积居奇,从保证城市居民基本生活要求出发,国家需要以计划经济的方式掌握货源。②同年全国合作社联合总社报告表明,在有计划地完成和发展农业生产资料同时,手工业也要纳入有计划的供销关系,以生产城乡人民生活用品。在关于城市消费合作社的工作方面,消费合作社已成为"城市劳动人民日常生活重要依靠",在"改善他们的生活和巩固他们的生产情绪等方面"③起了重大作用。人民日报社论《贯彻重点建设城市的方针》指出,生活改善的基础必须建立在生产提高上,有工业化才有社会主义城市的发展和改造,城市建设要为社会主义工业化服务,就建设方法和次序来说首先集中力量建设有重要工程的新工业城市。

五、指明美好生活由劳动创造

革命根据地建设时期,在大生产运动中我党已经开展了劳模评选工作,20世纪50年代工业化探索中,我国从生活生产的主体和主动性发挥角度更加肯定先进生产者和先进工作者在社会历史发展中的积极作用,

---

① 中共中央文献研究室编:《建国以来重要文献选编》第九册,北京:中央文献出版社,2011年,第48页。
② 朱佳木、中共中央文献研究室:《陈云年谱》中卷,北京:中央文献出版社,2000年,第214页。
③ 中共中央文献研究室编:《建国以来重要文献选编》第五册,北京:中央文献出版社,2011年,第348页。

"先进生产者是人类经济生活向前发展的先驱",①在社会生活中居于光荣地位,并重视发挥先进工作者、劳动模范在社会主义建设事业中的榜样意义,指出劳动模范是桥梁、骨干,有着示范作用,这标志着劳动者社会历史地位的提升。

毛泽东给黄炎培的信中提到"如先生所说'没有劳动,没有生活,不从劳动以外求生活,不从自力以外求生活'"②。1953年全国总工会《关于巩固劳动纪律的决议》强调,搞好生产"才有更美好的生活",才能实现国家工业化。我国"一五计划"的报告指出,"人民的幸福要靠人民自己的辛勤劳动去取得",五年计划也是一个通过劳动稳步渐进提升生活水平的过程,除了劳动没有改变生活状态的捷径,"经过六万万人克勤克俭的劳动"③,才有提高物质文化生活水平的可能。

在强调劳动的同时,也注重把保障人民生活权益并重。《论十大关系》中,提到了要重视改进劳动条件,艰苦奋斗不意味着漠视群众福利,提高劳动生产率的同时,要注重解决群众的劳动问题和生活里切身具体的问题。1956年全国先进工作者代表会议指出,"官僚主义……就是不关心群众的切身生活利益"④,不能离开百姓生活去强调生产劳动,会议指出我们既要反对离开生产发展追求生活改善,也要避免只注意增加生产,不注意增加劳动者个人的利益的做法。在生产中改善个人的生活,逐步增加个人收入是完全必要和正当的,只有这样才会不断涌现先进生产者,

---

① 中共中央文献研究室编:《建国以来重要文献选编》第八册,北京:中央文献出版社,2011年,第228页。
② 中共中央文献研究室编:《建国以来重要文献选编》第二册,北京:中央文献出版社,2011年,第295页。
③ 中共中央文献研究室编:《建国以来重要文献选编》第六册,北京:中央文献出版社,2011年,第301页。
④ 中共中央文献研究室编:《建国以来重要文献选编》第八册,北京:中央文献出版社,2011年,第232页。

劳动者的积极性才能得到保障。

1956年9月邓小平定义了党的群众路线,就是"指明正确的斗争方向,帮助人民群众自己动手,争取和创造自己的幸福生活"①,强调了劳动主体的自主性。中共八大的报告再次指明劳动与美好生活的关系,将创造性劳动视为能够提高物质文化生活的源泉:"人民群众的美好生活,是由他们自己的劳动来创造的。"②

第三节　改革开放和社会主义现代化建设新时期的跨越

马克思指出"人的思维是否具有客观真理性,是一个实践的问题"③,改革开放初期党和国家破除以"两个凡是"为突出标志的教条主义错误,完整准确科学地评价毛泽东思想,面向人民生活实际,重新确立了"实事求是"辩证唯物主义的思想路线和"实践是检验真理的唯一标准"的方法论,完成工作中心由"斗争"向"发展"的转向,以生产力的解放和发展,满足民众物质文化生活需要,不断落实温饱、小康、基本实现社会主义现代化的"三步走"战略,使人民摆脱贫困、尽快富裕起来。

一、改革生产关系和上层建筑以改善生活

党的十一届三中全会公报把实现农业、工业、科学技术和国防的现代

---

① 中共中央文献研究室编:《建国以来重要文献选编》第九册,北京:中央文献出版社,2011年,第105页。
② 中共中央文献研究室编:《建国以来重要文献选编》第九册,北京:中央文献出版社,2011年,第206页。
③ 《马克思恩格斯文集》第1卷,北京:人民出版社,2009年,第500页。

化建设,与改善人民生活关联起来,"改变同生产力发展不适应的生产关系和上层建筑"①,生产关系并不是被动存在,而是或推动促进或制约束缚生产力的发展,比如资源配置是否合理有效,人民生活发展的活动方式是否适当,管理方式和思想方式是否合理等,在生产迅速发展的基础上显著改善人民生活。1979年国家经委在首都钢铁厂、上海柴油机厂、天津自行车厂等八家企业设立了首批扩大自主经营管理权的改革试点,并在之后的改革实践中多次强调,社会主义经济是为了改善人民物质文化生活,不是为了剥削人民。同年,中央政治局会议上陈云同志作《调整国民经济,坚持按比例发展》报告,强调要先把"实事"搞清楚,四个现代化的背景现实是九亿人口,其中80%在农村,"人民要求改善生活",之所以办小城镇工业、发展乡镇企业,"就是要就业,要提高生活"。②

改革开放初期,党中央已经开始看到人民群众的生活需要,侧重从生活需要的角度去强调生产发展。改革的具体进程也是逐一解决人民生活方面问题的过程,面对国民基础整体薄弱现实,要集中精力在发展生产基础上,既要讲实在的速度,也要讲效果,生产出来的东西,要适合社会需要,改善人民生活。调整、改革、整顿、提高、制订生产计划要考虑人民生活实际需要,要处理好生产和生活、积累和消费的关系。邓小平80年代多次围绕群众日常生活强调维护群众切身利益,所谓官僚主义就是惰政、懒政、不积极解决人民生活中的切身利益问题。在《目前的形势和我们的任务》中,他总结改革成效也围绕生活展开,指出人民生活通过改革逐步好了起来,工资收入、住房就业都有所增加,体现改革有了初步成效。

---

① 中共中央文献研究室编:《三中全会以来重要文献选编》上册,北京:中央文献出版社,1982年,第4页。
② 中共中央文献研究室编:《三中全会以来重要文献选编》上册,北京:中央文献出版社,1982年,第68页。

改革意味着要建立适应生产力发展的社会主义市场经济体制,1984年《关于经济体制改革的决定》从生产力与生产关系辩证关系的角度分析阐明了改革开放战略决策的迫切性、目的和解决社会基本矛盾的路径,文件指出当前束缚社会主义市场经济体制生机活力的是与生产力发展不相适应的"僵化的模式"。文件指出上层建筑和生产关系的改革最终要促进人民生活的改善,改变生产的落后面貌。

党从贫困落后的国情实际出发,采取如承包经营、个体或外资经济等社会主义市场经济体制下的灵活经营方式:农村改革层面,改革农产品统购统销,并将基层农村探索的家庭联产承包制等突破性改善农民生活的经验,向全国农村覆盖推广;城市改革层面,从搞活深圳、珠海等经济特区向东南部沿海港口城市推行,并逐步向沿江内陆和沿边城市推行,从局部区域性开放走向全面开放,改善人民生活。在兼顾生活消费和生产建设的原则下,人民生活不断改善成为改革发展稳定的重要结合点,人们生活水平逐步提高,判定生活发展阶段的一般标准恩格尔系数由1978年的67.7%不断下降至2000年为49.1%,至2002年党的十六大提出了"人民生活总体上达到小康水平"①。

二、改善人民生活的前提是坚持社会主义道路

1979年面对思想上的疑问,邓小平强调面对经济生活的困难和底子薄的贫困问题,实现四个现代化的前提,是坚持四项基本原则,搞建设要符合中国国情实际,坚持社会主义才能走得稳定持久。邓小平讲话指出中国在生产发展程度低的情况下,对当时九亿多人口吃饭、教育和就业都

---

① 中共中央文献研究室编:《十六大以来重要文献选编》上册,北京:中央文献出版社,2005年,第3页。

是严峻的挑战,批判了"以极左面目出现的主张普遍贫穷的假社会主义"①,逐步推进四个现代化,进而实现人民的现代化生活,指出必须加强党对社会生活的领导,中国特色社会主义行动指南要始终坚持马列主义、毛泽东思想的旗帜,这也是反霸权主义事业的旗帜。此次会议的引言强调了发展与改善人民生活的不可分割性,以及马克思主义在发展中的旗帜意义,引言批评了以讲抽象的"民主"为主要特征的个人主义。

在《经济形势与经验教训》一文中,邓小平强调搞经济建设、国防建设的最后目的都是改善或保障人民的生活。1985年,邓小平指明了改革两条根本原则之一是共同富裕,社会主义制度在中国已成为现实生活,"是亿万人民正在日夜辛勤建设的现实生活"②,而且社会主义的优越性和潜力还在持续完善和发展。强调这一时期解决当下经济生活中的一系列困难,大力发展生产力,需进行一定的调整、整顿和改组,要坚持社会主义道路,直面改革发展中来自各方面的风险挑战,使中国避免陷于混乱、倒退、黑暗和分裂。

三、调整比例关系,切实在发展生产基础上改善生活

改革开放之前的 30 年里,中国建成了比较独立的工业体系,国防建设在"两弹一星"方面也取得巨大科技成就,但长期优先发展工业尤其重工业的战略,使产业结构发展并不协调。根据联合国粮农组织对生活水平标准的划分,改革开放初期中国恩格尔系数处于贫困区间,没有解决温饱问题,全国粮食产量有限,长期无法突破 3 亿吨大关,属于贫穷国家,无

---

① 中共中央文献研究室编:《三中全会以来重要文献选编》上册,北京:中央文献出版社,1982年,第78页。
② 中共中央文献研究室编:《三中全会以来重要文献选编》上册,北京:中央文献出版社,1982年,第193页。

法满足现代化建设的要求,人民生活水平和质量还未能得到根本改善。单一公有制以及计划经济体制在完成工业化奠基任务之后,已难再发挥促进生产力更好发展的作用。为发展生产和提高劳动生产率,党和政府调整了工农业的比例关系,以安排好城乡人民的生活;通过协调轻、重工业比例,鼓励尽可能生产越来越多的生活用品,改革发展稳定关系的结合点立足在满足人民生活需要、改善人民生活上面。

贫穷不是社会主义,进入改革开放新时期,"是否有利于提高人民生活水平"成为判断一切工作是非得失的标准之一。20世纪80年代,开始强调"搞活经济",以产业需求提供工作岗位,发展与人民生活切实需要相关的消费品行业和服务性行业,在实现为国民经济输送人力资源的同时,也通过改善生活,促进了安定团结。

这一改善人民生活的过程中,用"小康"生活理念表达中国式现代化,指明中国20世纪末奋斗目标是实现小康。"小康之家""小康社会"是中国式的四个现代化目标的新概念表达。小康水平指人均GDP值达到一千美元的生活状态,是日子比较好过不穷不富的水平。随着我国现代化经济建设的不断推进,小康生活的概念内涵得到拓展和丰富,指向现代化生活的程度也有所增高。90年代对小康生活的定义,除了物质生活层面消费水平的提高、消费方式和消费结构与国情的适应,从强调劳动环境、社会福利所达到的小康程度,还拓展到了精神生活小康的领域。小康生活的内涵由经济、政治指标,扩展到文化、环保等层面,如"环境质量状况与向小康过渡的要求相适应"[1]。建党百年之际,习近平宣告"在中华大地上全面建成了小康社会"[2]。2020年人均国内生产总值为72 000元,

---

[1] 中共中央文献研究室编:《十三大以来重要文献选编》下册,北京:中央文献出版社,1993年,第69页。
[2] 习近平:《在庆祝中国共产党成立100周年大会上的讲话》,《人民日报》2021年7月2日,第2版。

而 1978 年是 385 元,全国居民人均可支配收入达 32 189 元。网络购物用户达 7.82 亿,生活消费品再不是昔日短缺的境况。从温饱不足到小康富裕,40 多年历程彰显了"贫穷不是社会主义",党领导人民在生活水平和发展程度大幅落后的情况下坚定道路和制度自信,使改革成果公平惠及全体人民。

四、文化生活与社会主义精神文明建设相结合

文化建设的基础是经济政治,随着经济体制改革,变动的除了经济生活,思想文化作为经济政治状况在头脑中的反映,精神状态和生活方式也必然有所变化。人们一旦形成自己的思想,会以此指导自身行动,因此必须加强思想文化建设,取得文化生活的主流主导地位,这样才能引导和塑造符合生产力发展、社会进步要求的"文明的健康的科学的生活方式"。[①] 在向社会主义市场经济转型的过程中,我国强调建设物质文明的同时,开始注重发展与社会主义价值取向相符合的道德风尚和高尚丰富的文化生活。邓小平指出,社会主义文艺要认识生活、分析生活,真实反映丰富的社会生活,这种真实是"生活本质的真实",强调"共产党人决不应该成为生活的冷漠的旁观者"。[②] 文化引导和文化整合,想要触动人心,只有真实地反映生活,从一般日常生活进入更有社会意义的生活境界里去。强调要把社会主义中国的工人、农民的生活、劳动和情绪准确生动表现出来。

《当前的经济形势和今后经济建设的方针》一文中强调随着人民生活的改善,要防止"资产阶级生活方式"侵蚀,这意味着社会主义文化思想要

[①] 中共中央文献研究室编:《三中全会以来重要文献选编》上册,北京:中央文献出版社,1982 年,第 70 页。

[②] 中共中央文献研究室编:《三中全会以来重要文献选编》上册,北京:中央文献出版社,1982 年,第 301 页。

占据社会意识形态的主导地位,引导民众认同中国特色社会主义共同理想和取向,在方法论上,导向应该是具体丰富的,理论透彻才能服人,抽象干瘪空洞便丧失了应有的逻辑力量和价值力量。这要求把中国特色社会主义的信念和理论与生动具体丰富的客观生活融于一处,这样其中属于中国特色社会主义的生活方式、思想情操、审美观念才能动人,才能引导人们的思想和舆论。

第四节 新时代对人民"美好生活"追求的统筹布局

美好生活是一个历史性范畴,从实现小康生活到建构美好生活,是社会主要矛盾转变视域下党领导人民对生活样式的时代追求,是中国式现代化道路的理论创新和实践演进。习近平指出"人民对美好生活的向往,就是我们的奋斗目标",[①]并从教育就业、社会保障、医疗服务、居住环境、收入分配等方面对美好生活的基础内容作了阐述。

党的十八大以来,以习近平同志为核心的党中央坚持顶层思维,对人民"美好生活"追求进行统筹把握和谋篇布局:"四个全面"是战略保障,"两个一百年"指明了美好生活的奋斗目标和层次标准,"五位一体"中国特色社会主义事业总体布局统筹了美好生活建设基础的框架内容,五大"新发展理念"指引了美好生活建设的途径方法,"中国道路"筑牢了社会主义现代化美好生活的必由之路。

党的十九大对新时代社会主要矛盾的变化作出新的判断,我国社会

---

① 习近平:《习近平关于社会主义社会建设论述摘编》,北京:中央文献出版社,2014年,第4页。

主要矛盾"已经转化为人民日益增长的美好生活需要和不平衡不充分的发展之间的矛盾"①,党的二十大报告中指出"并紧紧围绕这个社会主要矛盾推进各项工作,不断丰富和发展人类文明新形态"②。这一重大论断体现了中国共产党积极把握和回应人民对美好生活的向往,体现了"美好生活"的追求从群众"自发"需要进一步上升为执政党的理论"自觉"。

一、以人民为中心的马克思主义发展观

人是生活的主体,每个人的自由全面发展是美好生活的终极归宿,马克思主义中国化时代化这一历史进程源于解决人民生活的矛盾和诉求。从理论进程看,对"现实的人"的关注是马克思主义鲜明的理论品格和奋斗目标;从实践层面看,践行为中国人民谋幸福的初心,是贯穿中国共产党百年奋斗史的一条主线,中国共产党也显示出从日常生活中发动民众、影响民众的强大力量。"坚持人民至上"是"第三个历史决议"中对党百年历史经验的总结,这是对"全心全意为人民服务""有利于人民生活水平的提高"和"以人为本"等理念的相承相继。发展不等于增长,增长可能只是数量的累积,而发展涵盖着质的飞跃。以人民为中心的发展不是单纯看重经济增长、财富累积,而是"坚持发展为了人民、发展依靠人民、发展成果由人民共享"③,人作为生活和发展的主体,在发展中建构美好生活,这

---

① 习近平:《决胜全面建成小康社会 夺取新时代中国特色社会主义伟大胜利——在中国共产党第十九次全国代表大会上的报告》,《人民日报》2017年10月19日,第2版。
② 习近平:《高举中国特色社会主义伟大旗帜 为全面建设社会主义现代化国家而团结奋斗——在中国共产党第二十次全国代表大会上的报告》,《中华人民共和国国务院公报》2022年第30号。
③ 《中共中央关于党的百年奋斗重大成就和历史经验的决议》,《人民日报》2021年11月17日,第1版。

清晰指明了生产与生活"为了谁、依靠谁"的宗旨和导向。

坚持以人民为中心的发展思想涵盖以下几个层面，一是回答了依靠谁发展。在马克思看来，人的感性活动是感性世界的基础，人是人类全部活动和全部关系的基础，这意味着对马克思主义群众史观的贯彻运用，生活世界是属人的，历史是由人的活动推动的，社会生活是人的集合，人是历史发展的前提，也是历史的结果和产物。从这些意义上说，难道还不以人为本，反倒以人之外的物为本吗？从感性生活的本体论看，以人为中心的发展，不是解决存在论迷思，而是彰显价值论意蕴，其目的是不以物为本，更不以"资"为本，这是唯物史观所坚持的人民历史主体地位的体现。

二是强调发展成果必须由人民共享。这意味着分配理念由合理安排"物"向有效激励"人"转变。这是夯实以人为中心的物质基础，只有生产力发展了，生活才能脱离贫困状态，社会财富越丰富，人的生活越能得到改善。成果共享也是把以人民为中心落实到社会实践基础上了。成果共享意味着要调整和改革生产关系和社会制度，这才能使消灭剥削、消除两极分化成为可能，人们才可能发展越全面，才可能实现自由个性，人的生活才越能得到改善。发展的目的"归根结底就是让全体中国人过上好日子"①。

三是强调人民利益至上的原则。发展的利益观不是有无利益，而是为了谁的利益，中国特色社会主义的发展不是为了资本集团或特殊利益阶层或权贵群体，习近平指出中国共产党"没有任何自己特殊的利益，从来不代表任何利益集团、任何权势团体、任何特权阶层的利益"②。人民利益的人民是现实的具体的，人民利益的利益也不是抽象的，它包括生存利益和生活利益。美好生活是二者的统一。习近平敦促党员干部调研要

---

① 习近平：《习近平谈治国理政》第 3 卷，外文出版社，2020 年，第 134 页。
② 习近平：《在庆祝中国共产党成立 100 周年大会上的讲话》，《人民日报》2021 年 7 月 2 日，第 2 版。

聚焦人民群众生产生活最急最忧最怨的问题,解决最关心最直接最现实的利益问题,诸如收入分配、住房、医疗、弱势群体扶助、教育、养老等兼具生存利益和生活利益的问题,重视人民生活的获得感、幸福感、安全感,朝着实现共同富裕迈进。

四是强调治理成效要由人民来评价。党在现代化治理中,以人为中心的落实需要制度基础来安排和夯实。人民评价需通过制度因素和制度路径,扩展群众"摸得着"的实惠的可能性空间。民生是人民幸福之基、社会和谐之本。从概念、思想到落实,以人民生活是否得到实惠,是否得到改善为评判成效的标准。离开制度路径探寻以人民为中心的现实道路则很难落实。

综上,只有坚持以人民为中心的发展思想,美好生活的实现和享有才有可能落实到每一名群众身上。以人民为中心需要共享发展成果获得物质基础保障,需要彰显人的主体性本质力量的价值意蕴,需要坚持无特殊利益的马克思主义政党的核心领导地位,需要着力解决生活突出矛盾如教育、就业、环保、安全等民生问题,需要健全现代化治理保障制度。以人民为中心的发展已展现出与西方现代化不同的发展路径和发展宗旨。

二、共享发展理念下走出中国特色减贫道路

《共产党宣言》指出,无产阶级的运动是绝大多数人的、为绝大多数人谋利益的独立的运动。马克思把与个体相对立的集体称为"虚假共同体",社会不是与个人对立的抽象的东西。在压迫剥削存在的社会,多数人劳动,少数人奢侈享受,多数与少数的关系是对立割裂的。而共享共富发展体现的就是多数与少数相统一,"全面"小康正是体现的这种统一。

共享是以发展为前提的,生产力发展是共享的物质基础,"当人们还不能使自己的吃喝住穿在质和量方面得到充分保证的时候,人们就根本

不能获得解放",①以物质生活的提高消除生存困境的贫困是人自由全面发展的基础,解放不只是思想解放,更是一种实践、物质、历史层面的现实,需跨越解决生存问题、获得日常生活保障这一步。

消除贫困、改善民生、实现共同富裕,是社会主义的本质要求。新中国成立以来,我们党以顶层设计带领人民持续开展减贫行动。特别是改革开放之后,中国的扶贫事业经历了救济式扶贫向开发式扶贫的转变。如最初"三西农业建设(1983—1992年)","三西"指的是宁夏西海固,甘肃河西走廊、定西地区。1986年确立了开发式扶贫方针,指依托当地资源禀赋和条件优势,进行相关产业开发。1978年末的农村贫困人口高达7.7亿人,通过开发式扶贫,2012年末,贫困人口降低到9 899万人。这近一亿贫困人口,是党的十八大后治国理政的重要任务。这意味着中国的减贫事业到了新的阶段——啃硬骨头、攻坚拔寨的"精准扶贫"冲刺阶段。

以习近平同志为核心的党中央,顺应人民对生活的期盼,将开发式扶贫升级为更为细致的精准脱贫。最初救济式扶贫,给钱给物,但有个问题就是治标不治本。而开发式扶贫的问题是覆盖面很大,但不能聚焦解决极贫极困的人户或乡村,比如划定贫困县后对整个县是"大水漫灌"式救济,修路、铺桥、通电、上水等,打通贫困地区、人员与外界的通路,但最需要救助帮扶的贫困户在这种脱贫措施下可能无法直接获得帮助,而对已走在脱贫路上的群众,这样的漫灌又会造成资源的浪费。

基于脱贫工作实际困难,2013年习近平提出"精准扶贫"理念,精准扶贫战略首先用"六个精准"解决了"扶持谁"的问题。包括对象、措施、项目、资金、派人、成效都要精准到人。如"扶持对象精准",每人每户都建档识别,剔除不精准人口,精准识别帮扶。这种扶贫工作的"精准滴灌",实现了由粗放到精细的转变。

---

① 《马克思恩格斯文集》第1卷,北京:人民出版社,2009年,第527页。

谁来扶呢？是政府主导，发动社会力量、行业力量、设置专项来共同扶贫，是一个三位一体的大格局。如云南沧源佤山机场是一个贫困县级的机场，是在政府主导下斥资16亿元援建的，以航空行业为主体，属于航空扶贫的重点项目，旨在突破当地山地连绵的交通瓶颈。机场的开通在便利交通的同时，还带动了当地就业，比如增加了装卸工、安保员等工作岗位，也让当地物产诸如老茶等走出深山。航空公司和当地政府援建现代化新村，让刚刚由原始部落时代直接跨入社会主义的翁丁村等村寨发展起了旅游业，这样就形成了一个完整产业链带动当地实现了脱贫。可以说这个十几亿元机场建设发展算的不是经济账，而是良心账。

怎么扶的问题，通过"五个一批"来落实落地，即通过发展生产、易地搬迁、生态补偿、发展教育、社会保障逐批脱贫。如教育脱贫，就是从传统对贫困群众外部物质帮扶，到更注重内生动力、自我发展的重大转变，帮助贫困群体由被动转向主动、由客体转为主体，实现对贫困群众从社会资源帮扶向推动自我发展的长效脱贫转变。

精准脱贫又被称为脱贫攻坚战，到2021年，现行标准下9 899万农村贫困人口全部脱贫，绝对贫困得以消除，精准脱贫完成了全面建成小康社会进程中最繁重艰巨的任务，贫困地区贫困群众生活境况得以改善，人民生活总体从贫困短缺走向充裕小康，堪称人类反贫困历史的壮举。

2021年习近平指出，我们"走出了一条中国特色减贫道路，形成了中国特色反贫困理论"①。同年4月《人类减贫的中国实践》白皮书发布，从世界意义上看，中国脱贫本身缩小了世界贫困人口规模，这是对世界减贫进程的直接贡献，也打破了"南北不对等"的财富格局，加速了生产重心由西方向非西方转移。

---

① 《习近平庄严宣告：我国脱贫攻坚战取得了全面胜利》，光明网，https://politics.gmw.cn/2021-02/25/content_34641738.htm。

脱贫摘帽是新生活的起点。客观上看,在绝对贫困消除后,相对贫困仍然存在,返贫致贫的因素仍然存在。习近平总书记在决胜脱贫攻坚战座谈会议上指出,"已脱贫人口中有近200万人存在返贫风险,边缘人口中还有近300万存在致贫风险。"①在向第二个百年进发的征程中,党的十九届五中全会明确提出,要"实现巩固拓展脱贫攻坚成果同乡村振兴有效衔接",有了农业农村现代化,才有国家的现代化。实现美好生活的期盼,最艰巨的任务在农村,最深厚的基础同样也在那里。产业可持续,农民才不会返贫,对接乡村振兴战略,是后扶贫时代防止返贫致贫风险、实现长期稳定脱贫的根本路径和长远之道。

三、绿色生活生产方式转型

绿色生活方式的提出和构建,指涉人与自然的关系,同时也是蕴含生态环境问题的人与人的关系。这是消费方式、生产方式的变革。党的十八大以来,为了适应中国经济环境和社会矛盾的新变化,党的十八届五中全会提出"创新、协调、绿色、开放、共享"的新发展理念,党的二十大报告强调"加快发展方式绿色转型""发展绿色低碳产业",绿色发展摆在突出位置,这是低碳循环发展、环保生产、适度消费的统一,以及相适应的生活方式。它涵盖的不是中国社会某一方面的变化,而是生存方式整体的变迁。

"五位一体"总体布局中纳入生态文明维度,让中国特色社会主义的布局对生活维度的观照更加全面,也意味着生态文明上升到民生福祉的高度。绿色发展把生产发展、生活富裕、生态良好三者有机结合起来,让生态环境成为生活新的增长点,平衡了生产空间、生活空间、生态空

---

① 习近平:《在决战决胜脱贫攻坚座谈会上的讲话》,中国政府网,https://www.gov.cn/xinwen/2020—03/06/content_5488175.htm。

间的关系。

传统生态伦理思想在价值取向上,或侧重生态中心主义或侧重人类中心主义。生态中心主义指自然主义的整体论,轻发展重生态,将地球资源视为主体,从自然主义角度阐释自然与人的关系,人被外在物性俘获为生产性工具,人不再是目的而成为手段。人类中心主义轻生态重发展,无序追逐资本,主张征服、掠夺、控制自然,认为人与自然是分离的野蛮增长。中国特色社会主义生态文明建设思想超越了二者,系统地处理人与自然和谐共生问题。马克思指出,"人靠自然界生活",人和自然是对象化的关系,一方面,自然提供了生活所需资料,如食物、燃料等,另一方面提供了生产所需资料,如土地、空气、阳光、矿产资源等。自然是人的无机身体,同时也在同人类的互动中参与有机身体的生成。从人的生活需求角度看,自然既提供精神生活需要的材料,也提供肉身生活需要的资料,强调人与自然和谐共生,意味着呵护自然就是保护人类自身。《自然辩证法》中恩格斯写道:"自然界为劳动提供材料,劳动把材料转变为财富。"[①]这阐释了生态环境在物质生产中的基础性作用,也就是说,从财富形成的基础看,发展内在地具有生态维度。

2005年习近平调研浙江余村时,提出"绿水青山就是金山银山"(简称"两山论")的理论。余村在改革开放初期靠山吃山,走的是开矿采石,创办水泥厂、化工厂等村办企业的粗放型发展道路,但"石头经济"随着当地环境污染日益严重而注定不可持续。关停矿山后,村民的收入降到了最低点,余村的发展也陷入了困境。习近平在《之江新语》上阐发了"如果能够把这些生态环境优势转化为生态农业、生态工业、生态旅游等生态经济的优势,那么绿水青山也就变成了金山银山"[②],为余村的发展指明了

---

① 《马克思恩格斯文集》第9卷,北京:人民出版社,2009年,第550页。
② 习近平:《之江新语》,杭州:浙江人民出版社,2013年,第153页。

方向。"绿水青山"指生态环境保护,"金山银山"指经济发展,二者可能产生矛盾,也可以辩证统一,"两山论"揭示了保护生态环境与发展生产力是统一的,不以破坏生态为代价去谋取经济发展,而是把生产生活限制在自然环境能承载的限度内,把当下宜居的生活环境和后代的生存根基统筹考虑起来,通过资源开发利用、自然资本增值解决当下人们的生活需要,同时形成尊重自然、节约资源的绿色生产生活方式。

绿色生活方式正由浅入深地落实在了生态文明建设的一系列基础工程中,如2019年起全国地级市启动了生活垃圾分类工作,垃圾分类是一种可以培养的生活习惯,是为改善生活环境,为绿色发展、可持续发展做的日常生活层面的尝试。再如当前城市规划,也体现着构筑绿色生活方式的理念,更注重生产、生活、生态空间的合理分布,突出宜居性,如上海市杨浦滨江工业遗存的改造,把沿江的工业老厂房的生产功能褪去,打造生活岸线、生态岸线,工业锈带变身生活秀带,通过让百姓日常生活中拥有更多获得感,创造美好生活。

绿色发展的"绿色"强调的是生态文明,绿色发展的"发展"强调的是经济建设、物质文明,绿色发展意味着生态保护和经济发展融合、协同、共进,与可持续发展是高度一致的,目的是让人民在宜居的生活环境中共享自然、感受生活之美。绿色生活方式意味着在价值观和思维方式维度,尊重自然规律,形成尊重多样性、认识自然、保护自然、顺应自然的文明生活态度,倡导可持续的生活价值目标;绿色生活方式还意味着在消费维度,要平衡资源承载力和欲望需求,培养简约适度文明的绿色消费,这包括倡导节约型消费模式、合理适度消费、低碳循环消费。

四、从主体性强调劳动创造更美好的生活

在马克思恩格斯经典文本中,"劳动是整个人类生活的第一个基本条件"①，劳动范畴是一把钥匙"劳动创造了世界"，"劳动创造了人本身"，劳动为人类从必然王国走入自由王国准备了现实条件，劳动是劳动者实现解放的途径，"只是一个幽灵——劳动……不以社会为转移，超越一切社会之上，并且作为生命的变现和证实，是尚属非社会的人和已经有某种社会规定的人所共同具有的"②。具体时空界限下、历史环境中的人，通过劳动从自然界挣脱出来，把自己和自然动物区别开，在劳动中生存发展、丰富完善。

现代化生活在劳动中取得，以习近平同志为核心的党中央，高度重视劳动本身的作用和价值，展现了马克思主义劳动观的时代内涵。

一是赋予劳动精神、劳模精神、工匠精神新的时代价值。劳动展现人的类本质，劳动精神包括"崇尚劳动、热爱劳动、辛勤劳动、诚实劳动"，劳动精神的反面是好逸恶劳、贪图不劳而获。劳动精神首先是塑造崇尚劳动尊重劳动的社会风气，传递的是劳动价值观，不因劳动收入低贫就遭人冷遇，而是以诚实劳动为荣的底气和尊严。热爱劳动指涉的是该以何种态度对待劳动。当主体不为功利胁迫、目的强制，劳动不是外在于自身的手段，在劳动中体认类本质力量，认识到自由自觉的生命本质，乐境由劳动而来，因此劳动是"第一生活需要"，这便达到了热爱的境界。辛勤劳动是对劳动投入心血汗水的肯定。勤劳是中华民族的传统美德，"勤则不匮"，中国人民以劳动的烈度和强度造就了民族生命力和务实的生活态度。诚实劳动对劳动品德和劳动态度的规定，与之对应的反面是索取多于付出。

工匠精神包括"执着专注、精益求精、一丝不苟、追求卓越"。"匠"在古代多指手艺人，长于手工技能的人。执着专注是精神前提，是一种聚焦的态度；一丝不苟是对细节的把握，是一种严谨的态度；精益求精是对质

---

① 《马克思恩格斯文集》第9卷，北京：人民出版社，2009年，第550页。
② 《马克思恩格斯文集》第7卷，北京：人民出版社，2009年，第923页。

量的追求;追求卓越是信念的跨越。

劳模精神包括"爱岗敬业、争创一流、艰苦奋斗、勇于创新、淡泊名利、甘于奉献"。作为行业领军人物,不同时代的劳模精神反映了各历史阶段的特性,现代劳模已不仅仅是苦干的代名词,更是知识型、技术型、智慧型复合人才的代表。

二是重视劳动价值观培育和劳动技能培养的教育。我国对社会主义建设者和接班人的培育,除了"德、智、体、美"之外,还有对"劳"的重视,五育并举全面发展的教育目标,强调"把劳动教育纳入人才培养全过程"①,劳动教育在新时代已不仅仅是劳动技能的传授,随着劳动范畴的拓展,劳动教育更多涵盖的是劳动精神养成、劳动价值观塑造、职业道德培育。产业升级、生产力提高的前提下,生产劳动中的劳动类别扩大,在脑力(精神)生产劳动、体力劳动等基本劳动类别之上,对服务性劳动的需求增大,传统的重复性劳动、执行性劳动也再不能满足市场的需求和劳动者自身发展的需要,供给侧结构性改革的背景下,由简单重复被动执行劳动向创造性劳动转变的趋势明显。劳动教育有着明显时代性,随着劳动形态、劳动方式的不同,而不断丰富教育内容和目标主旨。新时代劳动呈现知识化、复合化、数字化的趋势,但劳动精神仍是不可或缺,因此新时代劳动教育核心是树立正确劳动价值观,这体现的是教育价值取向由培养"工具"转为鼓励人素质提升自我实现,这是全面发展的重要办法。

三是兼顾资本作用和劳动权益。中国特色社会主义市场经济中,强调"劳动是一切幸福的源泉",激励民众用劳动创造更美好生活,从外部劳动保障层面看,这个指向创造美好生活的劳动进程,也是中国共产党人用社会主义制度对异化劳动的消除过程,是探索寻找资本和劳动力新的定

---

① 习近平:《在全国劳动模范和先进工作者表彰大会上的讲话》,《光明日报》2020年11月24日,第2版。

位、新的关系的过程。党的二十大上"充分发挥市场在资源配置中的决定性作用,更好发挥政府作用"的提法,意味着在发挥市场作用的同时,国家参与劳动力再生产,兼顾灵活感和安全感,对市场作用发挥的重视是生产力发展的前提,对政府作用的强调是对生产关系的完善,协调发展、共享发展、加快社会保障制度建设都涉及发展同时兼顾劳动权益。"劳动幸福"是一个价值判断,价值的主体性深化了其内涵,这涉及主体怎样的需要以及如何被满足,内蕴着人与社会幸福的统一,这是由强调存在的本体论思维向强调实践的关系思维的转变。

五、与人类实践对接全人类的美好生活

世界历史进程中的全球化运行也凸显了诸多问题,如气候问题、公共卫生问题、热钱涌动、环境污染、贫富差距等。全球化浪潮也导致了核扩散、恐怖主义、疫病蔓延等问题。同时,"逆全球化"浪潮同步袭来,比如美国单边主义政策,退出伊核协议,采取贸易保护主义措施等;英国脱欧;欧洲难民问题仍然尖锐等,全球治理面临困境,宇宙只有一个地球,人类共享一个家园,各国同处一个世界。"人类命运共同体,就是每个民族、每个国家的前途命运都紧紧联系在一起……把世界各国人民对美好生活的向往变成现实。"①

而全球治理滞后于全球化的新发展形态,很大程度还停留在"华盛顿共识"的发展模式基础上,其核心措施包括助推贸易金融自由化,减少政府干预,加大私有化。全球范围资源分配是世界历史进程的必然结果,但资本的无序流动、国际热钱无效监管代价惨痛,带来的是区域级甚至是世界级的金融危机和市场动荡以及贫富差距进一步拉大。除了经济上供需

---

① 习近平:《习近平谈治国理政》第3卷,北京:外文出版社,2020年,第433页。

失衡，全球治理面临的困境还有合作匮乏和非传统安全威胁。如能源和粮食安全问题，疫情更是让这两类问题凸显；新冠疫情对全球共同应对公共卫生问题提出了严峻挑战。当旧有的国际秩序已经无法解决出现的新问题时，中国主导的"新全球化"理念积极参与全球新治理。中国提出的人类命运共同体理念完全超出了西方治理经验范式。西方治理理念无法解释中国式现代化道路的理论，中国美好生活的建设为广大发展中国家提供了系统可行的建设方案，具有重要的世界意义。

人类命运共同体理念传承优秀历史文化，以其东方智慧推进人类文明新构建，打破了西方固有的世界观。西方治理常伴随强烈的"非敌即友"的价值观输出冲动或直接军事征服，中国则以源自五千多年中华文化的大同世界优良传统，兼蓄东西方理念的"亲、诚、惠、容"，尊重他国特定的历史文化尊严，构建合作共赢新型国际关系。人类命运共同体理念是对传统经济治理体系的完善，推动经济全球化健康发展。世界经济原有增长模式需要新动力、新路径，中国治理所主张的共商共建共享是以发展中的问题为导向，变革传统全球治理不公正不合理因素，秉持正确义利观，开放融通的健康发展思路。人类命运共同体坚持增进政治互信，构建互联互通的全球伙伴关系。全球治理背后是话语权的交锋。美国视自身价值观为"山巅上的灯塔"，试图推广所谓"普世价值"为霸权战略服务。中国以各国福祉一体的世界情怀，尊重文明多元化、世界多样性，以平等协商方式制定发展规则，未侵略任何国家，推动国家关系民主化。

"一带一路"倡议正在逐渐成为全球治理的务实之举。2015年，中国公布了"推动'一带一路'的愿景与行动"，它体现了互通协同的全球治理新思想，与当前国际关系中仍盛行的丛林法则形成鲜明对比。"一带一路"有着中国式现代化道路的实践根基，又兼具中国特色社会主义发展的理论基础，是在国内治理成功经验的基础上提出的一个开放包容的合作平台，是一个世界范围内改革创新的全球公共产品。如在非洲大陆的中国企业超过1万家,雇佣非洲当地员工多达数百万人。再如中国和巴基斯坦合作的诸多民生项目,不仅提高了当地人民的生活水平,瓜达尔港的建立也很大程度上缓解了中国自身的石油安全问题。中国石油进口80%来自中东,耗时耗资,而瓜达尔港建立后,中东的石油不需转接承运可以直接通过巴基斯坦运到中国境内,节省成本,且安全能够得到保障。可见,"一带一路"是互惠互利的。它是对现有治理体系缺陷的补充,创新了中国参与全球治理的话语体系和路径;它折射的是平等合作理念,包含中国利益,也考虑"一带一路"国家诉求,最终与"一带一路"国家分享发展成果;它是传统文化"己欲达而达人"的真实写照,也是马克思主义"共产主义是多数人的运动"的时代写照。

人类命运共同体的全球治理观背后,既蕴含着一种美好生活图景的建设目标,还是一种生活"美美与共",既相互依存又和而不同的价值观传递。

第四章 美好生活的内涵：马克思生活世界理论在当代的新发展

- 第一节 社会主要矛盾的转化定位生活新标准
- 第二节 以矛盾分析方法看待美好生活内涵

第四章 | 美好生活的内涵：马克思生活世界理论在当代的新发展

本章主旨是在社会主要矛盾转化与美好生活理念的辩证关系中界定美好生活的内涵。美好生活是马克思主义者追求的目标，《共产党宣言》明确指出："无产阶级的运动是绝大多数人的，为绝大多数人谋利益的独立的运动。"①实现美好生活是中国共产党治国理政的目标和方向，也是围绕现代化事业的痛难点，对社会主要矛盾的新认识。这既是中国社会生活变迁、时代诉求的写照，也是人民生活需要、现实渴望的呈现，"美好生活"命题的提出意味着美好生活从"自发"需要转变为积极应答和阐释的理论"自觉"，中国化马克思主义的生活世界理论图式是在对"美好生活"概念的探索和实践推动下建立起来并不断"完形"的。

第一节 社会主要矛盾的转化 定位生活新标准

中国特色社会主义进入新时代，我国社会主要矛盾已经转化为人民日益增长的美好生活需要和不平衡不充分的发展之间的矛盾，这是中国式现代化道路的根本动力，是美好生活建设的历史起点，既不能落后于时代，也不能脱离实际、超越国情实际，社会主义初级阶段的不发达现实必须正视。美好生活的向往是从"物的依赖性"阶段追求"能不能满足"，到怎么样实现"满足得好"的一种生活样式，它的终极诉求指向"自由个性"阶段的价值目标，但在未完成阶段跃升和过渡前，人的全面发展的生活样式在社会主义初级阶段还不能完全实现。

---

① 《马克思恩格斯选集》第 1 卷，北京：人民出版社，1995 年，第 11 页。

一、实践的内在动力：生活的基本矛盾

美好生活实践的展开是具体的，根植于人的实际需要是其出发点和发展方向。社会的重要构成环节就是需要体系，人与人之间、个人与社会之间的互动由需要和被需要关系联结起来，需要满足以及互动中产生的新的需要被满足是中国特色社会主义现代化建设的内生动力。正是在这个意义上，个人和社会共同发展。从需要体系来看，人民群众的需要包括自然层面需要、安全层面需要、社会层面需要、精神层面需要。

从自然层面需要看，生存下去是最基本的生活诉求，物质资料是存在的基础，《德意志意识形态》中，马克思恩格斯明确把"现实的生活生产"视为历史的基础。物质生活作为基石，人类第一个历史活动就是生产满足衣食住行需要的资料。这些资料的获取离不开自然界，为了保护自然，避免人与自然关系的异化，我们应对需要的真假进行区分。"真实需要"是社会性和自然性的统一，不会与自然可持续性发生冲突，是为了满足生存对必需品的需要，同时，它又能超越肉体生存狭隘层面，指向发展维度在生产活动具体过程中完成的自我实现。在这个马克思理论语境下，"真实需要"是生存与自我实现的统一体，"虚假需要"是服务于资本追求利润、牵引人们到商品占有中体验满足的异化消费。

从安全层面需要来看，安全感是基本生存需要得以满足后对安全环境的追求。生命安全、环境安全、健康安全、食品安全、信息安全等是衡量美好生活的重要尺度，是获得感和幸福感的保障。可预期的稳定生活，可以提供一种奔向更好生活的保障感，减少动荡感，能够降低普遍的社会焦虑心理的弥漫。

从社会层面的需要看，"我们的人民热爱生活，期盼有更好的教育、更

稳定的工作、更满意的收入、更可靠的社会保障、更高水平的医疗卫生服务、更舒适的居住条件、更优美的环境,期盼孩子们能成长得更好、工作得更好、生活得更好"①。其中涉及的民生内容基本覆盖了人各个生命周期的重要需要,这些是最直接、最现实、民众最关心的利益问题。

"幼有所育"涉及托幼照护需要和早期教育的保障,关乎家庭生育负担能否肩负得起。通过政策支持服务以减轻养育负担能够极大调动"愿不愿意生"的家庭意愿,公平质优的学前教育资源配置有利于学龄前儿童的素养奠基,能够极大减轻抚育保育的压力。

"学有所教"涉及的是国民素质提升和发展的需要。立德树人根本任务的落实关乎建设社会主义现代化强国后继者的素质培养,教育公平是社会公平的基础,教育资源的保障是提高民众素质为党育人、为国育才的发展起点。

"劳有所得"涉及就业的实现,关乎劳动者权益和收入分配的合理性以及生活的物质保障需要。就业是最大的民生,就业给劳动者提供了在职业上实现自身发展的机会,充分的就业是经济社会持续发展的支撑。劳动付出得到报酬,保障生活衣食住行的基本物质条件。劳动付出与劳动所得的对等,体现的是收入分配的公正合理性,更能激发劳动者持续投入生产创造的积极性。

"病有所医"涉及的是医疗服务供给和需求,身心康健程度会极大影响生活质量。解决"看病难""看病贵"的问题,关乎卫生、健康生活的发展程度,建设"健康中国",需要医疗、医保、医药"三医联动"的卫生体制改革,更需要建立卫生健康共同体,形成新的健康治理格局。

"老有所养"涉及的是对养老服务的需求,"十四五"时期,我国将进入中度老龄化社会,老龄化的国际通用定义为65岁以上人口占总人口的百

---

① 习近平:《习近平谈治国理政》,外文出版社,2014年,第4页。

分之七及以上。未来五年，我国老年人口将达到3亿，需要构建敬老、养老、孝老的社会环境和政策系统，解决老无所依的问题，让老有所安、老有所养。

"住有所居"涉及的是住房安居需求。需要发展保障性租赁住房，让刚走向社会开始参加工作的青年、新市民在城市里能租得起、住得好还需要城乡住房制度改革，以及房地产与实体经济均衡发展，实现"房住不炒"，让人们的合理购房需求能实现。

"弱有所扶"涉及的是难有所帮、困有所助的兜底保障需要。扶弱济困关乎社会正义，让更多人享有改革成果，共享发展成就，美好生活路上"一个都不能少"，是社会主义推动制度完善的合目的性，是优于资本主义制度、遵循科学社会主义价值原则的"制度之善"体现。

从精神层面需要看，精神需要与文化息息相关。以文化产业中的大众文化消费为例，随着中国特色社会主义进入新时代，国民消费力提升，以功能价值为基础的产品基本需要已得到满足，消费者的需要更倾向于精神层面即观念价值。面对多元价值并存的事实，需要通过塑造文化符号引导民众思想意识，确立具有号召力的共同价值范式。

党的十八大以来，党统筹推进"五位一体"总体布局，以供给侧的面貌回应人们的多层次需求极具现实性，也能动地、有价值指向地引领着人民群众的美好生活实践，以科学的方式在合规律性中剖析现实生活，从顶层设计上保障人民利益，对人民美好生活进行合目的性的制度回应。国家制度层面、治理层面的保障，和个体自身自觉发展，二者双向互动，是实现美好生活不可分割的要素。

二、新时代社会主要矛盾转化的解决方略和归旨

"党的百年奋斗历程告诉我们，党和人民事业能不能沿着正确方向前

进,取决于我们能否准确认识和把握社会主要矛盾、确定中心任务。"①两个"没有变",即我国仍处于并将长期处于社会主义初级阶段的基本国情没有变,以及我国是世界最大发展中国家的国际地位没有变,不平衡不充分发展的现状,意味着要解决发展难题,这是实现美好生活面临的当前国情实际。社会主要矛盾"转化"的前后,是实践提出重新审视发展痛难点的理论问题,从党的十一届六中全会"第二个历史决议"的政治论断到党的十九大报告,都表达了生产供给侧和生活需求侧两方面状况。

从生产供给能力看,矛盾转化前是"落后的社会生产"。改革开放初期,经党中央批准四个政府级经济代表团赴西欧、日本等国家地区访问考察,通过参观矿山、工厂等处,看到了中国在自动化、现代化技术、工农业生产等方面的差距,如当时五千万吨年产的煤矿我国需要16万工人,而西德同等体量的煤矿只需要两千名工人,"落后"的生产直观地反映生产力状况,一方面生产关系的性质由生产力决定,另一方面生产关系不适应生产力发展要求时,会阻碍生产力发展。党的十一届六中全会对社会主要矛盾的阐释为"人民日益增长的物质文化需要同落后的社会生产之间的矛盾",可以说重新提出发展社会生产力的重要性,是最根本的拨乱反正。党的工作重心的转移促进了思想解放,历史教训表明,建立超越现实的生产关系,漠视生产力发展水平,反而会制约发展。因而80年代我国直面社会主义初级阶段"落后生产"实际,着手于生产力的提升和促进,通过改革经济体制,出台了一系列解决生产力与生产关系不相适应问题的新方略和政策。如在公有制基础上建立社会主义有计划的商品经济,把市场体系比喻为"鸟",政府宏观调控比喻为"鸟笼",在加快培育社会主

---

① 习近平:《更好把握和运用党的百年奋斗历史经验》,《人民日报》2022年1月12日,第1版。

义市场体系的同时,逐步健全宏观经济调控体系。改革开放四十周年大会上,总结了这一阶段生产力水平的提升,如建立了世界最完整的工业体系,基础设施成就显著,外汇储备位居世界第一,生产能力再不是"落后"的面貌。党的十九届六中全会出台的"第三个历史决议"中也总结了这一阶段社会主要矛盾下的主要任务和成就。

矛盾转化后,是"不平衡不充分"的发展。发展的不平衡不充分问题,存在于"五位一体"总体布局的各个方面,如经济发展与文化教育、民主政治、社会建设、生态文明的协同共进性需加强,城乡区域发展差距较大问题,科技上的"卡脖子"问题,经济社会发展全面绿色转型问题。从"落后"的社会生产到"不平衡不充分"的发展,进入了新的发展阶段,已实现从"无"到"有"的跨越,接下来实现更平衡更充分的发展要以更精准务实的举措,实现从"有"到"优"的高质量发展。

(一) 立足新发展阶段

从理论依据看,不同的历史发展阶段,生活条件各不相同。社会主义初级阶段不是"不用费多大气力自然而然就可以跨过的阶段"①,因此中国共产党在治国理政中不是被动自发地任之随之,而是既制定长远战略规划,也根据形势变化提出阶段性发展目标,在阶梯式递进的过程中,逐步把中国的现代化建设向前推进。从历史依据看,新发展阶段是以"十四五"时期为起点,朝着第二个百年奋斗目标全面建设社会主义现代化国家的新的历史阶段,是社会主义初级阶段向更高阶段迈进的要求。从现实依据看,2021年,全面建成小康社会胜利完成,绝对贫困问题得以解决。当前我国已成为世界第二大经济体,中国式现代化建设的实践生成,正处于百年未有之世界变局中,风险挑战并存,"进入新发展阶段,是中华民族

---

① 习近平:《把握新发展阶段,贯彻新发展理念,构建新发展格局》,《人民日报》2021年5月1日,第1版。

伟大复兴历史进程的大跨越",①这意味着从追求生活"有没有"到追求生活"好不好"的高质量跨越,意味着从追赶模仿发达国家生活样式到引领生活样态塑造的跨越。

(二)贯彻新发展理念

创新、协调、绿色、开放、共享的新发展理念,反映了发展样态中的问题和挑战,完整准确贯彻新发展理念是为了实现更平衡、更充分的发展,体现了目标导向和问题导向的统一。新发展意味着实现生产关系、生产方式的变革,发展理念引领着发展实践。

创新是发展的第一动力,解决发展动力问题。随着生产水平、科技水平的整体提高,中国"制造"已向着中国"制造"、中国"智造"提升,但关键核心技术仍受制于人,引领型产业、科技储备都不足,这需要统筹基础研究和关键技术自主研究,形成融科学研究、成果转化为一体良性互动的生态系统,不断注入创新血液,激发创新源动力,实现科技创新由"跟跑"向"领跑"转变。

协调发展注重解决发展不平衡问题,内蕴着生产、生活、生态协调持续健康的整体性发展。改革开放以来随着经济的快速增长,一些发展中不协调的突出矛盾和问题显现出来,如阶层分化、贫富差距、环境压力等不稳定因素。强调协调发展意味着突出各自优势,追求区域间、要素间有效互动,也不排斥要素非均衡的良性流动,打破传统的均衡发展,避免区域间生产要素互动的障碍,促进自由有序流动,防止对抗和分裂,提升发展的健康性、协调性。

绿色发展以生态文明为价值指向,考量自然资源环境的承载力,考虑

---

① 习近平:《把握新发展阶段,贯彻新发展理念,构建新发展格局》,《人民日报》2021年5月1日,第1版。

发展中民众生活环境的改善。绿色发展不再用环境换增长，而是生产与生态的协同共进，是向环境优化增长的转变，使生活方式、生产方式都在环境、资源可承载的范围内，让良好生产生活环境为人民群众创造"最普惠的民生福祉"。绿色发展是人与自然和谐相处的体现，是高质量发展的基础，绿色生活、美丽中国是通达美好生活不可或缺的要件。

开放发展不仅仅是着眼于外部冲击，更是遵循世界历史发展的内在规定，注重解决内外联动发展的问题。开放使中国经济社会发展融入全球，是社会主义实践成就繁荣发展的起点。进入新时代，面对世界经济贸易保护主义抬头、逆全球化思潮的新背景，我国要以更高水平的开放发展，转型和升级对外开放战略，推动全面开放新格局，使发展的成果不是闭门造车，而是在开放的环境、全球市场体系中得到检验和校正，为发展注入活力，从而倒逼改革提升发展的质量。

共享规定了改革发展的成果更公平地惠及全体人民，它为发展提供了价值目标和价值遵循，全民共享、共同富裕的目标体现了人民立场，共建共享的发展目标体现了人民群众是现代化建设的实践主体，是历史的创造者，渐进共享、全面共享的目标体现了均质、均衡的中国式现代化发展态势。从覆盖领域内容而言，要使城乡居民分享发展红利，包括在政治领域享有政治地位和权力的平等；在经济领域享有物质财富和发展红利；在社会建设领域，构建涉及教育、就业、医疗、养老、住房、食品等民生领域的公共服务体系，在全覆盖的社会保障体系上取得新进展；在精神文化领域，能够使人们有充分闲暇去获得科学、艺术等文化成果，享有高质量的文化产品；在生态领域，能够享受生态文明创造的环境福利。从实现途径来讲，共享不是杀富济贫式再分配。首先，生产决定分配，在生产领域要各尽所能、共建共享，发展需要社会性参与的生产劳动，发达的生产力是全社会有足够的物质财富和文化产品去享用的前提，美好生活的推进需要民众的积极性、主动性、创造性。同时在分配领域，需要构建再分配的协调配套制度,坚持公有制主体地位,促进社会保障、收入分配等机制体制的完善,以制度确保实现合理的分配方式。

对比以实现特定集团、少数人富裕为归宿的西方式现代化,中国式现代化以共同富裕为发展目标,是生产资料公有制下的社会主义现代化优越性的体现,共同富裕旨在解决贫富分化问题的战略部署,体现了以人民为中心的发展情怀,开辟了马克思主义中国化时代化的新境界。共同富裕是高质量发展、共建共享下的共富,物质生活富裕和精神生活富裕并重。只有真正以共富共享发展为价值旨归,人民生活中的获得感幸福感安全感才能真正增强。

(三) 构建新发展格局

致力构建以国内大循环为主体、国内国际双循环相互促进的新发展格局是为了实现更平衡更充分的发展。新格局并非局限在经济领域,而是全局性地着眼于高质量发展和高水平安全的动态平衡。

改革开放几十年来,我国参与经济全球化的路径侧重国外市场,以出口为导向,虽取得了巨大红利,但由于高附加值环节被控制,在"客场全球化"下,我国被锁定在了全球价值链的中低端,如早期"三来一补"企业模式,以代工嵌入全球价值链,依靠生产要素上的竞争优势,在流水线上完成装配后,再销往海外市场。投入和产出的市场都在国外,因此经济循环的重心在国外市场。但随着中国市场规模增大、生产能力扩张,以及中美贸易战和新冠疫情对全球范围内的冲击,传统经济循环受阻,"十四五"期间,通过畅通国内经济生产、分配、流通、消费循环体系各环节,将市场重心由国外客场移向国内主场,升级为"主场全球化"的战略模式势在必行。双循环的新发展格局,是对"两头在外、大进大出"格局的转型升级,"依托内需,用足海外高级生产要素"将国内市场与国际市场联通起来的主场战略,促使中国企业成长为全球价值链"链主",改变中国国际产业竞争的方式、路径、形式。

综上,从解决新时代社会主要矛盾的路径方略中,可以看出中国式现代化发展的价值导向、政治立场、发展模式,以及要创造什么样的生活等价值旨归,体现了实现追求人的全面发展与共同富裕的人民至上观;可以看出解决社会主要矛盾是为了实现指向共同富裕、人的全面发展的美好生活,其中所包含的价值追求体现了以人为本的生活样态,这是对资本主义现代化下的生活方式和生活状态的根本超越。

第二节 以矛盾分析方法看待美好生活内涵

一、美好生活的主体形式:个体与群体的统一

个体意为"社会—历史"境遇下"现实的个人",群体意为以社会关系为基础形成的有机联系的"命运共同体"。在中国这样一个超大规模的国家推进现代化生活,单凭靠一部分人或一部分群体是不能够做到的,需要凝聚力量形成主体合力。美好生活的主体是"现实的个人"与"命运共同体"的统一。生活的主体是分层次的,从个体到社会乃至人类命运共同体,共产主义运动是为多数人的运动,中国特色社会主义道路发展追求实现的美好生活是以多数人为本的现代化生活,而这"多数人"是以无数个体组成的,类推之,美好生活是以无数个体为本的现代生活。

从个体层面看,"人们的社会历史始终只是他们的个体发展的历史"[1],马克思感性世界理论源于对生活世界的重新思考和关怀,其肇始就在于对现实的人的境遇和发展的关注,马克思认为人是具体的、活生生

---

[1]《马克思恩格斯全集》第27卷,北京:人民出版社,1972年,第478页。

的、感性活动的人,是历史生成的现实的人。马克思之所以致力于以感性活动的能动作用消除西方理性主义传统,目的就是消除理性抽象对现实生活世界的统治,这种理性形而上学的统治集中表现为对生活在现实世界中的人的抽象化,实质是在排斥人、贬低人、否定人。个体是具有差异性的,不能以同质化的整体概而替代,"每个人的自由发展是一切人的自由发展的条件"①,美好生活首先顺应的是现代化语境下个人日常生活的新期望,肯定个体生活意义。

从群体层面看,人的存在是与他人共在的依存性状态,人在共同体中生活、交往和生产实践。美好生活是否实现以个体的生活样态为直接表现,但反对原子化个体主体性的膨胀扩张和极端化个人主义,因为没有个体能完全脱离社会制约而生产生活。按马克思主义的看法,共同体不是个人因生存条件利益制约而隶属的"虚假共同体",虚假共同体阶段人的交往依赖于物,虚假共同体中的统治阶级把本阶级特殊利益通过政治手段作为普遍利益,脱离具体历史环境,是虚假的共同利益。真实共同体是人实践活动的结果,是人的交往进步的外化,"在真正的共同体的条件下,各个人在自己的联合中并通过这种联合获得自己的自由"②,在这种联系的纽带下,每个人的发展总是以他人的发展和社会的进步为条件。

中国式现代化新道路下,倡导个体与共同体协调发展,合理满足或引导个体的需要,解决好公平公正问题的同时,在共同体整体诉求的基础上构筑社会共享价值,美好生活的实现需要党和国家为民众提供更好的客观生活环境,在这个过程中,社会形态的各构成要素出现任何缺位或失职,往往会极大制约美好生活建设的发展。如与生活幸福度、便利度息息相关的公共产品和公共服务,主要靠国家调节分配,实现有效配置,少量

---

① 《马克思恩格斯文集》第2卷,北京:人民出版社,2009年,第53页。
② 《马克思恩格斯文集》第1卷,北京:人民出版社,2009年,第571页。

则由社会和市场提供；而生活消费品则主要由市场提供。习近平在一系列重要讲话中强调了个体与群体辩证互动的关系，如2015年在中央扶贫开发工作会议上的讲话中关于"众志成城实现脱贫攻坚目标，决不能落下一个贫困地区、一个贫困群众"①的表述。美好生活不仅需要国家创造，也需要每个人共同去创造，在合力基础上才可能有美好生活的实现，共建共享美好生活。

二、美好生活的内容结构：物质与精神的统一

物质富裕是现代化的共性目标，但中国式现代化对美好生活的理解，对精神富裕与物质富裕双重向度的强调，体现了重视发挥个人主观内生性力量的实践导向作用，将个体价值目标、人生意义的确立融入社会共同富裕的集体实践，把精神性导向、主观建构的超越性与物质条件基础统一起来，是对精神与物质关系统一的唯物辩证法的贯彻坚持。资本主义的生产方式忽略了人的"全面发展"的需要，试图用物质生产单一的发展模式满足民众的全部生活需要。随着经济增长、生产力发展，人的消费欲望被刺激出来，但美好生活未至。精神产品、公共产品因转换成货币的效率较低，为剩余价值的生产和实现、为资本服务的效能不强，私人资本不愿意投资其为"主业"，导致物质丰裕却无法填补人们茫然、失望和愤怒的精神空虚。中国特色社会主义所建设的美好生活，既重视物质生活的进步，也注重精神生活的变革，是精神文明与物质文明相协调的现代化生活。强调经济与社会的协调发展、强调物质与精神的统一，是现有历史条件下实现美好生活的实现路径，也是为个性自由发挥和全面发展创造社会历

---

① 习近平：在中央扶贫开发工作会议上的讲话（2015年11月27日），《十八大以来重要文献选编》下，北京：中央文献出版社，2018年，第31页。

史条件。

人口规模巨大是我国的基本国情,是中国式现代化的重要特征,基本的物质保障是美好生活的前提、基础和根本,在党的二十大报告中习近平总书记指出:"不断厚植现代化的物质基础,不断夯实人民幸福生活的物质条件。"满足人民日益增长的物质需求,必须抓好经济社会建设,增加社会的物质财富。在实现美好生活路上,共同富裕是小康生活目标的升级版,是社会主义本质要求下走中国式现代化道路的必然,内蕴着人民对物质和精神需求的双重性,体现了生产力标准要求和生产关系性质要求的统一。在新时代,指向美好生活的物质富裕以及相匹配的物质生活条件,应涵盖以下两个维度。一是制度的完善,即对社会主义基本经济制度的坚持和完善,经济增长、物质财富的增加虽然是美好生活的前提,但过度追求物质利益并不能自动地实现分配正义,光有物质丰裕无法自动地消除贫富差距,这就需要有健全的分配机制,做大"蛋糕"的同时,又分好"蛋糕"。二是现代化经济体系的构建,深化供给侧结构性改革,贯彻新发展理念,以实体经济为发展经济着力点,推进数字产业化和产业数字化,实现高质量发展,推动物质性变革,为美好生活提供更丰富更高质的产品。

"没有社会主义文化繁荣发展,就没有社会主义现代化","两个文明"相协调是中国式现代化的题中应有之义,中国式现代化所彰显的人类文明新形态,恰恰来自区分于其他民族的精神"基因"和文明价值,这样才能克服资本主义现代化的先天性弊病。因此在物质生活水平提高的同时,还要探索带有自身文明特质的精神文化生活,而不是直接照搬复刻其他文明成果,这样才能实现物质文明和精神文明相协调的现代化生活。

三、美好生活的价值属性:绝对性和相对性的统一

价值的绝对性一般通过普遍性、客观实在性得以确认,美好生活的价

值绝对性意味着美好生活首先是一种客观状态。衡量生活是否美好可以用客观的、绝对性的生活水平来验证,生活水平是指收入或消费等量化数值反映的物质或精神生活相关的环境、条件等客观状况,它是一种从无到有的"有没有"、从一到多的"有多少"的客观生活"数量"状态,进而反映出生活是否美好。

从生活水平的数量上看,如按联合国粮农组织倡议使用的恩格尔系数判断生活层次水平,根据国务院发布的中国人权事业白皮书,2020年我国居民恩格尔系数相较于1978年降低33.7个百分点。从居民收入和生活消费的情况看,第四次全国经济普查发布的数据显示,我国居民人均可支配收入比2013年增加了9 917元,2018年达到28 228元。服务消费占居民消费支出的比重持续增大,2018年比2013年提升了2.9%,服务消费占比49.5%。这些客观的生活"数量"能通过物质生活资料的充裕程度反映出生活层次。

从生活水平的层次上看,社会主要矛盾在"需求侧"的表述由物质文化需要转化为美好生活需要,这表示对生活层次的需求发生了转化、升级,从只求生活消费品满足基本生存需要,提升至对居住环境、医疗水平、社会保障、教育公平、价值实现等更高层次的需求,这意味着生活需要的内涵由物质文化扩展至制度文明、生态文明、社会文明等更多领域。

但同时要看到,生活消费品的数量和需求层次不能直接反映消费环境和消费结构,如汽车拥有量提高带来生活便捷,伴生而来的停车焦虑、车牌拍卖价格高价中标率下降、排放污染、道路拥堵等问题,反而可能会降低生活满意度和对生活美好的体验。这意味着需要从更全面、更完整、更丰富的维度来评价生活,衡量生活是否美好,除了生活水平,还要从生活质量维度来评判。从价值理论来说,对价值意义的评定不能只描述"客观"状态,还需停留在与主体发生关联的评价感受层面,这就涉及价值相对性问题。价值相对性意味着主体的立场、感受、意愿直接影响着价值评判。

生活质量的内容需求是相对的,从由无到有的"有没有"到由有到好的"好不好",这反映了随着经济、社会发展进步,对生活品质的追求有了阶段性的不同。"好生活""好日子"之"好"本身就内蕴着经济发展的目标指向是生活质量。但对生活质量的诉求不是到了经济发展"终点"才会产生,也非现代化国家独有,它也是一个动态进程,存在于每一个经济增长阶段,随着中国现代化进程的建设推进,客观生产生活环境的变化,人们对生活的需要会转向更多方面、更高层次,不同阶段将会呈现出新的阶段性特点,如从关注物质层面的是否获得到注重公平正义、幸福感等主观感受。

生活质量的衡量判定也是相对的,应包括客观生活质量和主观生活质量两个方面,每一个需要物使用的频繁程度、量的多少和效果如何,实际上决定了生活质量的客观方面的状况,一个人对于想要得到的满足物与实际上获得的满足物之间的关系的理解和评价,决定了生活质量的主观方面的状况。生活水平一般只限于客观生活质量变量,生活质量既包括客观生活质量变量,还包括主观感受的生活质量,即人们对生活状况的满意度。美好生活不能仅从客观方面去衡量,而应该从主客观两个方面去衡量,因此美好生活兼具价值绝对性和相对性。

美好生活的价值绝对性在于,社会矛盾从根本上讲是围绕供给和需要之间的矛盾来确定的,反映的是需要和供给之间的矛盾关系,需要改变,供给也需随之改变,才可能满足人们对生活的期待和需要,从总供给上来说,要尽量充分满足需要方的总体需要。

美好生活的价值相对性意为生活主体自我意识对生活的主观感受、评估和认知。以幸福感为例,幸福是生活主题之一具有价值真理性,但对幸福或不幸福,以及获得幸福的方式途径,个体判断是不同的,对幸福的事实与幸福的幻想的区分也具有主观差异性。

1974年经济学家伊斯特林用12国数据做了跨国幸福感比较研究,提出一个著名悖论:微观命题层面个体收入增长能显著提升幸福感,宏观命题层面国家生产总值增长对提升国民主观幸福感不必然正相关。2002年国家统计局与中国社科院经济所对城乡居民住户6 835个家庭进行了关于自身对当前生活幸福的主观感受与经济增长的关系调查,结果显示经济增长对幸福感提高的影响是有限度的,家庭人均收入与主观幸福感呈倒U形关系:当家庭人均收入水平较低时,幸福感受物质财富增长影响较大,当收入水平较高时,收入增长态势对幸福感影响并不明显甚至出现相对停滞状态。这表明物质需求得到一定满足时,其不再是幸福体验强相关因素,个人发展、社会价值、收入分配、子女教育、身体心理健康状况、社会交往、亲密关系质量等因素都影响着生活的幸福感和满意度。根据央视财经频道通过13万张调查问卷呈现的《中国经济生活大调查(2019—2020)》,年收入在12万到20万元之间的人群幸福体验感最高。感到不幸福比例最高的人群不在低于1万元年收入的低收入群体中,反倒在年入超100万元的高收入群体中。年入由12万增长到100万元区间,幸福感体验的人群比例相差并不十分明显。

美好生活价值属性的绝对性和相对性统一,启发我们:一切价值的客体化是不变的内容与拓展的内涵的统一,都有其有限性。建设美好生活要协调人的多维度需要,做到协调发展。同时还启发我们,价值是一种主体自身根据本性,按照生活方式,去判断、做出主观认同、建构自身和自身的价值世界的选择,要以社会主义价值序列,引导那种主张从"功利""有用"出发去考虑一切与生活相关的对象、活动和关系的"去超越性""去崇高性"的价值取向。

四、美好生活的历史逻辑:合目的性和合规律性的统一

合目的性是指美好生活的创建是能动的、有计划性的活动,出于对生活水平、生活质量需要的特性,同时具有鲜明的价值旨向,发展并非为了

经济增长创造积累物质财富,而是为了增进民生福祉,最终旨归是人自由而全面发展的联合体。合规律性是指创造美好生活的实践非主观随意,而是契合社会历史发展、符合中国国情的时代方位、合乎社会主义建设规律的特性。

从合目的性看,恩格斯说"人们总是通过每一个人追求他自己的、自觉预期的目的来创造他们的历史"①,认识本身是历史发展的一部分,人的意志合力中蕴藏着一种客观性,历史规律内在于主观意志中。没有个人目的、个人需要,历史便是机械的,这不符合历史唯物主义的主张。美好生活首先应是自我欲求自我赋予自我创造的,在此基础上,中国共产党将人民对生活的预期愿望目的上升到国家战略的高度,从国家社会发展的实践层面既顺应又推动人们生活方式变革,美好生活作为人民的实质性目标的同时,又成为党的内生性使命。从个人层面是生活愿景的内生动力,从政党层面是初心使命的理想信念指向,在现代化历史研究中,二者形成合力,驱动着党和人民都投身到美好生活创造的实践中。

从合规律性看,与自然规律相比,历史规律基于"作为合力的意志",并通过人的实践行动和思想观念表现。时代环境、能力经历、立场等因素影响下,历史规律需结合具体事件才能为人所理解,解读内容也是因人而异。既要肯定人的目的的历史价值,又要防止损害社会共同利益的主观自私性倾向,中国共产党在个体目的和历史规律之外开辟一个制度性保障的空间,在动态发展中不断深入对历史趋势的理解,体现了个体目的性与历史规律性之"合"。

实现美好生活是一个长期历史过程,就历史方位看,立足新发展阶段,在此前历史发展的基础上,续写全面建设社会主义现代化生活的新的历史:

---

① 《马克思恩格斯文集》第4卷,北京:人民出版社,2009年,第302页。

新发展阶段,在经济生活领域,党领导人民在贯彻新发展理念、构建新发展格局中,通过建设现代化经济体系,包括现代化的动力结构体系,如消费、出口、投资的结构形态;现代化的部类产业体系,如第一产业、第二、第三产业形态变迁;从"大而不强""快而不优"向高质量发展转换跨越,激发社会创业创新创造活力,实现经济总量高质增长的同时为人民群众提供优质生活消费品,为新时代美好生活需要奠定更强大的物质保障和更坚实的经济基础。

在政治生活领域,民主是全人类共同价值,在价值上是公共之善,但在落实中是现实的工具性问题,党的十八大以来党领导人民以全过程人民民主理念衔接人民当家作主制度体系,拓宽民主渠道,推进政治建设,通过民主选举协商、民主管理决策、民主监督,丰富了民主标准,避免了西方普选式民主的形式主义,保障了人民的政治生活。

在文化生活领域,党领导人民在构筑中国精神、中国价值中推进文化建设,文化交流、交锋、交融下的价值碰撞和取舍是一个文明国家发展进程中的必然选择。历史文化血脉和价值传统不但不是负担和包袱,而是重要的思想文化资源。党的十八大以来,我国高度重视中国特色社会文化建设,习近平指出"文化自信是更基本、更深沉、更持久的力量"。① 道路自信是方向与路标,理论自信是指导与遵循,制度自信是根本与保障,之所以文化自信"最基本、最深沉、最持久",是因为道路自信、理论自信和制度自信中都包含有文化的要素,总是在特定的文化框架下赋予其内涵;文化自信是其他三个自信的精神力量与心理支撑。

在社会民生领域,完善社会保障有利于激发人民的内生动力促进现代化建设。党领导人民在兜民生底线、补民生短板、破民生难题中推进社

---

① 习近平:《在哲学社会科学工作座谈会上的讲话》,北京:人民出版社,2016年,第12页。

会和谐建设,"十四五"规划中经济社会发展主要目标之一就是"民生福祉达到新水平"。党的十八大以来,面对供给不足和不平衡的矛盾,针对绝对贫困、教育就业、医疗卫生、社会保障等影响百姓获得感、幸福感、安全感的突出问题和基本领域,回应民生关切。2022年国务院政府工作报告指出要解决"群众最关心最烦心的事",如退税减税约2.5万亿元为历史最高,基本公共卫生服务经费和居民医保逐年提高,目的都是实现发展成果惠及人民生活。

在绿色生活方面,身处"吞山怀谷"的山水园林宜居环境是人民对美好生活的向往。党的十八大以来,党领导人民持续推进生态文明建设,让民众生活的家园更绿更美。"绿水青山就是金山银山"的"两山论"理念,实际上是倡导走生产发展、生活富裕、生态良好的文明发展道路,形成绿色发展方式和生活方式,这指明了中国特色社会主义生态文明发展道路,是新时代人与自然和谐共生的中国方案。马克思认为人类生产活动中"主体是人,客体是自然,这总是一样的,这里已经出现了统一"①。人和自然是生命共同体,发展经济与保护生态环境是对立统一的,生态系统是社会发展和人类生活的基础,发展生态生产力是对人与自然关系合规律的认识。

历史有规律性,但历史不是数学题,历史唯物主义不是公式,最终还是要回到客体根据的意义追问上,美好生活在历史发展中是合目的性和合规律性的统一,这意味着历史正是在矛盾冲突中呈现,是人的"自由性"即历史创造主体的目的与意志,与历史的规范性即"历史的合力"必然走向的根本统一。

五、美好生活的空间延伸:民族性和世界性的统一

现代化美好生活需要现实展开的场域,这便是"空间",诸如客观存在

---

① 《马克思恩格斯选集》第2卷,北京:人民出版社,1995。

的地理空间,因社会往来所形成的生活空间、交往空间等。美好生活的实现是一种过程,也是一种发展格局在空间分布的形态,其实现不是一国内部的事情,它的实现同样需要外部空间,这是一种民族国家"个体"同世界整体的平衡。内部空间与外部空间的关系问题,影响着当下的安全和未来的发展空间。

在世界历史的转变中,个人的全面的依存关系伴随着世界历史性的共同活动逐步紧密,马克思恩格斯在《德意志意识形态》中提出的世界历史发展内嵌着民族国家发展与世界发展趋势的辩证统一,共产主义最终追求实现的事业"只有作为'世界历史性的'存在才有可能存在",而个体获得解放的程度是"与个体历史完全转变为世界历史的程度一致的",从愿景层面彰显了中国人民与世界人民生存发展休戚与共的关系。

从价值追求看,"把世界各国人民对美好生活的向往变成现实"[①],是"共产主义"价值取向的历史使命感;从世界历史发展现实进程看,中国式现代化美好生活的实现离不开当今世界的整体框架,疫病防控、恐怖主义防范、生态连锁反应、金融风险等挑战日益增多,任何国家都不能独善其身。中国式现代化的路径不仅属于中国历史,也属于世界历史,全球治理需要东方智慧、中国方案,将美好生活进行空间延伸。

在贸易全球化的交往方面,中国作为后发现代化国家,中国道路在经济上的发展经验有效规避了西方现代化模式的一些负面效应,传统资本主义国家经济拓展和贸易扩张往往呈现出掠夺性,无法调和"随着分工的发展,产生了单个人利益……与所有互相交往的个人的共同利益之间的矛盾"[②],进而形成了丛林法则式"每一个人对每个人的战争"的斗争式生活方式,如霍布斯(Thomas Hobbes)《利维坦》中描述的"在这种战争状态中,

---

① 习近平:《习近平谈治国理政》第3卷,外文出版社,2020年,第433页。
② 《马克思恩格斯文集》第1卷,北京:人民出版社,2009年,第536页。

产业无法生存,文艺、文学、社会等等都将不存在,而最糟糕的是人们不断处于暴力死亡的恐惧和危险中,人的生活孤独、贫困、卑污、残忍而短寿"①。

这样斗争掠夺式的崛起,将资本带回"自我"的生活空间,把侵略殖民留给"他者"的生活空间,自我与他者是对立的割裂的,"自我"空间的美好生活建立在经济霸权、贸易保护主义、资本收割之上,漠视甚至践踏他国人民的生活。自由主义或新自由主义等西方话语霸权,强行把发展中国家置于西方政治经济现代化模式之下,忽视国情、历史、文化实际,强行移植其生活样式到发展中国家或后发国家的文化空间之中,干涉或损害他国人民自主生活的权利。

从共同体形成的逻辑看,共同体不仅仅限于地缘型共同体和亲缘型、义缘型共同体。个体、社会和国家都可以构建共同体或拓展共同体的范围。如能增进集体性和职业性,可以通过其参与生产实践的职业共同体;能平衡人际交往,参与公共生活,整合社会关系的城市居住共同体;最高形式是各国共同创设的人类命运共同体。

从美好生活空间延伸的政治维度看,战争、安全问题的威胁从未远离,这个意义上全体人类利益相互依存,解决好全球性挑战,为着人类共同的美好生活,根本出路在于人类社会结合为紧密共同体,在这个大的整体即共同体中谋取和平,实现发展。

美好生活的世界性空间延伸是世界分工发展的必然选择,经济全球化进程的深入推进,正是一种生活空间向外扩展的全新历程。自身美好生活与人类共同美好生活的统一,也是中国主动融进"世界历史"的表现,彰显社会主义文明的新形态,化解斗争式、竞争式、掠夺式的生活方式。

---

① [英]霍布斯:《利维坦》,黎思复、黎廷弼译,北京:商务印书馆,1985年,第95页。

第五章 现代性语境下美好生活建构面临的挑战及其超越

- 第一节 西方马克思主义日常生活批判理论对美好生活建构的启示
- 第二节 新时代美好生活的展开与新型现代性的生成发展交互演进

第五章 现代性语境下美好生活建构面临的挑战及其超越

美好生活的生活图景从"愿景"到"现实"落地有着自身历史现实和文明演进,中国语境生活世界研究范式的时代阐释,关键是要将美好生活理念与中国式现代化有机结合。现代性是现代化历史进程的总体性特征,现代化与现代性二者的关系是辩证的,相互创造并且能够价值互释——现代性规定着现代化的道路,现代化发展实践也更新与建构着现代性。从时间(量的)范畴看,现代化是人类近现代史展开的一个重要主题,是从传统农业生产、自然经济形态步入现代工业化生产、商品经济组织模式的转向,现代化是社会历史进程的一部分,对应"古代"时序。从质的范畴看,现代性既蕴含着这一进程追求的目标,如价值旨趣,也涵盖了这一社会历史进程的总体特征,如社会运行机制和生活观念的转型,现代性与现代化过程紧密相连。现代性"所指或能指的都不只是一种时间性向度,还是一种充满内在矛盾的复杂的文明或文化过程,一种悖论式的实践价值取向,一种交织着内在紧张和冲突的存在结构,一种看似透明却又有诸多暧昧的生活样式,一种夹杂着乐观主义想象与悲观主义情结、确信与困顿的人类精神状态"[①]。现代性是现代社会科学的母题,当前的文化、制度、自我建构都围绕现代性问题展开。现代生活的制度、现代生活的方式,都是现代性的产物。现代化发展中生活图景的深刻嬗变,从马克思主义来说,这是生产力发展与生产关系变革下社会历史变迁。

本章对现代性与美好生活建构的思考,实际上是思考美好生活实现进程中必然经历和面对的现代化这个历史阶段,如何应对现代性危机所带来的挑战,如何以中国式现代化的道路、制度更好地转化现代化成果,超越现代性内生困境。西方社会作为先发现代化国家率先遭遇了现代性

---

① 万俊人:《现代性的伦理话语》,黑龙江人民出版社,2002年,第133页。

危机带来的生活困境,由此西方马克思主义学者的日常生活批判理论对中国美好生活的建构就有了借鉴意义,它提供了一个理论观照点,从正反两方面帮我们更好地理解美好生活,丰富新时代美好生活的理论体系。

第一节 西方马克思主义日常生活批判理论对美好生活建构的启示

伴随社会历史的变革,技术理性、资本逻辑和人本精神之间张力变大,人们的生存境遇发生现实改变。率先遭遇现代性问题的是西方世界,现代性是现代人类社会一种基本生存状态和生活方式。在世界历史的形成中,现代性也是先发国家和后发国家都要面对的重大理论和现实课题。

从西方世界来看,教会分化、教权衰微,信仰分裂,教权生活规制被削弱,宗教"反现世性"生活方式出现"解放"的趋向。马克斯·韦伯在《新教伦理与资本主义精神》中以加尔文派教义为样本,认为其教义最终转化为世俗生活的行为准则——勤奋,诚实,严肃认真,节省金钱和时间——所有这些生活方式和生活观有助于商业和资本积累。因为致力于这样的方式生活和工作,会造就讲理性求实效的新人。这些人从这些品质中获益,财富是一种副产品。在资本主义上升期,世俗劳作勤俭致富与延迟满足的享乐休闲两股力量互相制约,合力完成资本主义的开发,马克斯·韦伯称资本主义兢兢业业的一面为"禁欲苦行主义",桑巴特在《现代资本主义》中把资本主义功利拜金的一面称为"贪婪攫取性"。丹尼尔·贝尔在《资本主义文化矛盾》中将"禁欲苦行主义"命名为"宗教冲动力",把"贪婪攫取性"定义为"经济冲动力",他认为之所以产生矛盾窘境,是因为"宗教冲动力"的节制克己超验一面已被科技理性、实用主义耗散。抑制平衡的双要素已被打破,失去苦行主义的约束,只剩"经济冲动力"一面。

超前消费、分期付款等信用卡经济把"先劳后享"引向了及时行乐、瞬间愉悦、超支购买的靡费享乐。

现代性带来的生活窘境,在这种现代性生活图景中伴随着资本异化等导致的现代生活的内在张力。现代性突出特征表现在,资本主义和理性精神共同作用下的工具理性,创造了丰盈的物质财富、便捷的生活资源,追求生命开放性、人格自由,既重节制也看重享乐,但高速运转的生活节奏,人作为主体却被物控制、被工具化,宗教对生活不再能渗透了,但资本开始侵入生活,导致主体性丧失、精神失落,西方马克思主义者对日常生活持批判性的剖析态度,以期复归到生活本真样态。由理性世界转向生活世界是现代哲学的一个重要演进,而其中,西方马克思主义学者的社会科学研究范式和理论架构表现为,由纯粹的理论哲学转向面对现实日常生活的问题架构。

一、贡献:揭示西方现代性的当代困境

20世纪新马克思主义理论家对准"物"背后的社会性奥秘,以历史唯物主义的分析把马克思物化逻辑具体化到日常生活中的异化来再思考"物世界"与生活世界的关系。内在的逻辑是从纯粹认知的理论态度到实用实践的自然态度的转变。以往是从主观的意义角度看待生活世界问题,如今是肯定社会的历史性,注重主客观统一于现实中的互动,以解析具体的西方现代性社会交往下生活实践理论模型。

资本主义现代性的危机不仅仅发生在宏观经济政治运行的非日常之中,而且已渗入到微观日常活动之中,也就是已侵入到日常生活中,西方新马克思主义者与日常生活各领域各层面结合,探索日常生活救赎的路径,形成了新的理论形态,从整体看,可以分为两类,"外部诉求路径"与"内部求解路径"。

"外部求解路径"侧重社会批判本身,把资本主义社会日常生活当作全面异化的领域加以鞭挞,较具代表性的有列斐伏尔日常生活批判的空间化转向研究。其理论局限在于以单一性的文化批判,仍是改良而非革命的、解构而非建构的,马克思社会批判理论具有结构性的整体观,而非仅仅局限于消费批判、技术理性等"局部"批判。

"内部求解路径"指西方马克思主义学者将马克思哲学的历史视野引入生活基础领域,通过正面描述、理论上的构想,力求为现代生活困境破局、解局以开创新局,如赫勒提出的人道主义价值追求的日常生活理论。这种路径虽具有存在论革命意义,但未能跳出西方现代性本身,未能认识到西方现代性本身的展开方式才是根本性局限。

本节选取这两类理论中最具代表性的人物,分析其日常生活批判理论的经验和价值所在。

(一)两类理论最具代表性的人物及观点

1. 列斐伏尔:日常生活批判的空间化转向

列斐伏尔称马克思的异化理论是"马克思思想中的酵素",他认为马克思主义从生活实践入手,洞察生活,批判生活的异化问题,是对"日常生活的批判性认识论",马克思主义"拒绝离开现实世界去追逐另一个世界"。[①] 在他看来,"纯粹"思维活动的基础永远是实践,可以看出列斐伏尔这种观点是合乎唯物史观的,他认为思维活动实践根基的来源"就是日常生活",理论者可以暂时抽离生活,通过"悬置"活动脱离,但终将需要回返到生活里,人的意识依赖他的日常生活,"异化也是永不停歇的和日常的"。[②] 这种

---

① [法]亨利·列斐伏尔:《日常生活批判》第1卷,叶齐茂、倪晓晖译,社会科学文献出版社,2018年,第131页。
② [法]亨利·列斐伏尔:《日常生活批判》第1卷,叶齐茂、倪晓晖译,社会科学文献出版社,2018年,第153页。

历史唯物主义的深刻现实感,让列斐伏尔认识到马克思异化理论是一种现实批判方法,马克思对商品拜物教的批判就是在政治经济学层面对现代社会资本异化的日常生活表现形式进行的揭示,他可以继续拓展其他层面,即对日常生活风格作唯物主义分析,进而形成日常生活的批判认识论。他认为在现代世界中,人类的生存处境随着日常生活的"神秘化"和异化已经发生了变化,"日常生活已不再是富有主体性的主体,已变成社会组织系统的客体"①。

列斐伏尔的学术生涯跨度非常长(1901年出生到1991年逝世),他的研究历程跨越了六十多年,半个多世纪的时间中对世界历史变迁、从乡村到城市人类生活境况变更的洞察,让他的日常生活批判思想资源非常丰富。三卷本《日常生活批判》为其代表作,让他被称作"日常生活批判理论之父"。

以他对20世纪40年代至60年代的西方社会日常生活分析为例,他认为这一阶段资本主义处在新领域的进程中,它征服了之前还处在前资本主义状态下的农业,通过内部更新、外部扩展征服了城市,以休闲旅游征服了作为整体的空间,通过让文明从属于文化产业征服了文化,"最后,无独有偶,资本主义正在征服日常生活"②。

(1) 马克思主义日常生活批判的六种对象

列斐伏尔认为马克思主义对日常生活所作的批判,可以用六个主题归纳解读:一是对个体性的批判。这部分他主要揭示了现代社会原子化个体,那种孤独封闭异化的生活幻觉产生的社会条件。资本主义现代社会的劳动分工导致了个体化,所产生的自我意识让人们在丰富的生活条

---

① Henri Lefebvre, *Everyday Life in the Modern World*, Tansaction Publishers, 1984, p.60.
② [法]亨利·列斐伏尔:《日常生活批判》第3卷,叶齐茂、倪晓晖译,社会科学文献出版社,2018年,第565页。

件下,却只"内向的"专注自己的特殊技能和专业化,他们"螺丝钉"的功能决定了他们,建立起了私人生活,这把人们引向内向型生活——意识不到他人的生活和其他社会组成部分。这种剥夺了实际生存境遇的私人意识让人产生了一种抽象颠倒,个人主义的生活"剥夺"了实际生活内容,"剥夺了现实,剥夺了与世界的联系的生活"①。私人意识塑造个体的同时,也压制、分割着个人,这让人们的生活分化成了两极,工作与休闲、公共生活与个人生活……私人意识越来越蜷缩自己,越来越向自身内部抽象"幸福体验"退缩,还越发觉得那就是"它自己",这让人们过上的是最贫瘠、最狭隘、最孤独的生活。

二是对使人迷惑的事物的批判,他认为这部分的中心主题是"被困扰的意识"。列斐伏尔指出,在资本主义社会里,典型个人主义的社会群体是"一盘散沙式的人"组成,但每个散沙都认为他"知道自己是谁",而且觉得自己是独特的,为了保持继续成为他自己的方式,于是他组织日常生活的方式和习惯,如娱乐、时装、休闲方式、表达用语、观念等方面都高度雷同,"资产阶级的个人主义意味着荒谬可笑的、枯燥无味的个人重复"②。但当这种幻觉被现实粉碎,如经济、政治的危机,个人主义坍塌,他就会陷入"困扰意识"或说"苦恼意识"。所以个人意识无法正确反映所处的社会历史真实,被剥夺了现实生活的个人意识是被异化的,这就导致他被真实的社会整体性存在的现实给隔离了,导致他无法真实认识生活的根源。

三是对经济异化的批判。列斐伏尔没有停留在意识形态的思辨批判层面,而是深入寻找西方社会日常生活的经济基础,从对货币的批判、对

---

① [法]亨利·列斐伏尔:《日常生活批判》第1卷,叶齐茂、倪晓晖译,社会科学文献出版社,2018年,第137页。
② [法]亨利·列斐伏尔:《日常生活批判》第1卷,叶齐茂、倪晓晖译,社会科学文献出版社,2018年,第140页。

拜物教的批判中揭示了人与物之间的占有式异化。"总有富人,总有穷人"这样的意识形态成了资本主义公理的推论,富和贫被对立起来,并具体化到个人身上。在资本制度下,存在和占有是同一的,"一无所有的人什么都不是",但一无所有是最绝望的唯心论,"一无所有是一个非常肯定的有,有了饥饿、寒冷、疾病……"①。这部分列斐伏尔分析了《神圣家族》中马克思对普鲁东的批判,马克思主义没有将财富当成恶魔或祸根,认为人与对象之间不同于占有的关系,但财富并没有变成社会的财富,是因为大家都以资本主义法权的形式占有它,财富标志着人与自身的分离,对待财富没有以丰富人性去体验物的意义,而是以占有为目的,既有对财富本身的占有,也有资本家以金钱为手段对他人劳动的占有。尽管在意识形态上强调提倡"平等占有",但资源占有和分配的不公正不平等,会让富人群体更快"占有"和累积财富,这也透露着资产阶级意识形态的虚伪性。生产资料无法平等"占有"的前提,令金钱的属性在现代资本主义社会成了占有者的属性和"实力",没有为人的自由全面发展服务。而无产者需要用活动和生活空间交换财富。金钱面前,无论有产者、无产者,有一件事是相同的:"财富是人本身的异化,是人的'异化的本质'。"②

四是对日常生活的道德和需求异化的批判。列斐伏尔认为资本主义社会呈现全面的异化,不仅在劳动领域还有在消费领域,以及物欲膨胀下导致生活中的道德价值观领域的异化,如道德沦丧、精神虚无、信仰缺失等。一方面资本将消费品赋予身份的象征,给消费者提供模仿标准,刺激消费者的购物欲,产生虚假的需要,通过广告创造出消费者对这种产品的欲望,从产品概念刺激对它的渴望,马克思讽刺过其中的"唯心主义"特

---

① [法]亨利·列斐伏尔:《日常生活批判》第 1 卷,叶齐茂、倪晓晖译,社会科学文献出版社,2018 年,第 142 页。
② [法]亨利·列斐伏尔:《日常生活批判》第 1 卷,叶齐茂、倪晓晖译,社会科学文献出版社,2018 年,第 147 页。

征。另一方面对应的是无产者最简单的需求无法得到满足,例如对空间的需要,列斐伏尔讽刺道,哪怕像动物一样去到自然里,人退回了洞穴中,但洞穴也成了随时脱走的异己力量,因为洞穴要收房租。人不仅终止了人的需要,甚至丧失了动物性需要:与同类交往,随处走动。资本主义通过社会生活制造了需要,人本能的基本的需要从形式和内容上都被改造转化了,被赋予了愿望和需要新的形式。人是通过日常生活实现人化的,即"人的现实的实现",感受、实际需要经由社会生活改造,构成的"人的现实的实现"落入了异化领域,消费社会制造了虚假需要,人在异化领域与他创造的世界分开了,这成为人们心理和道德异化的根源。

五是对人同人相异化的批判。列斐伏尔创造性改造了异化劳动理论,他认为人的创造性活动是日常的、实践的、不停歇的,异化也是日常的。现代资本主义社会生活被去人性化、异己的、无情力量支配,异化渗入各个领域,劳动分工被异化、财富资本被异化、市场被异化等。这个层面上,异化的现实是物质的、赤裸的。另一方面,异化也是抽象的。理论、观念的"纯粹"抽象,让人把自己还原成一个抽象概念,去支持抽象真理,抹去自己活生生的存在。理论、观念的"纯粹"抽象把人与本质分开,是人异化的一部分。对不能战胜异化的人来讲,异化了的社会现象成为唯一的现实。异化蒙蔽了对生活现实的批判,没有把人的异化作为生活批判出发点的批判,所批判的只是虚假现象。要区分现实的"人的世界"和异化的不真实的"人的世界"。

六是对人支配自然和支配自身本质的权力的批判。资产阶级的自由是狭隘的,所谓的自由实质是私人的个体权利,实际上构成了私人财产权。任何争取自由的努力,不过是在以财富、市场为基础的关系上,熟练使用财富罢了。资本主义人权所说的自由是"个人意识"和"内心世界的自由",这种原子式的自由,让人为了不妨碍他人自由,可能什么也做不成。而马克思主义社会决定论自由观更辩证,否则不以人本身为目的的发展,必然逃不过市场规律对人的支配。

(2) 空间理论:总体性的都市生活革命

从1949年到1961年,列斐伏尔专攻农村社会学,研究乡村社会与资本主义现代社会关系,他认为任何社会的空间都是按社会结构中某些特定群体或生产方式生产出来的空间。在列斐伏尔看来,空间不是自发的,是受制于历史和自然因素的,是社会的产物,同时也是生产发展、社会交往和生活的容器,空间既有物质性也有社会性,同时,在意义空间层面它还提供精神寄托,因此空间也具有精神性,而在城市化进程的空间规划中,诸如城市规划,影响着资源和人口往何处聚集,因此空间还有政治属性。在当时他认为规划这件事就被一种还未命名的意识形态统治着,他在《空间与政治》中,认为城市规划是一种空间生产,当涉及如何规划时,这空间就成为政治化的空间,因此空间是一种政治策略。社会空间则意味着日常生活交往的各种渠道网络。如何看待和解读空间,列斐伏尔认为这能充分说明人们的生活方式,如经济学家看到是各区域的生产轨迹和不平衡发展,历史学家看到兴亡年代变迁,艺术家看到的是空间形式符号表征。工人生活的空间与资本家的空间是不同的。

1968年法国五月风暴后,他开始转向城市空间理论思考。城市是现代化的主要发生地,列斐伏尔认为资本主义的生产,随着生产力的提高,出于疯狂资本积累的目的,不断扩大市场,并且不局限于空间中个别要素的生产,而是已经突破了空间中物的界限,升级为生产总体性的"空间本身",比如城市化进程便是对生产空间、生活空间的再生产,他认为资本主义为什么没有像马克思预言的那样走向灭亡,是因为对资本生产空间的占有。列斐伏尔认为马克思的历史辩证法对资本主义的批判聚焦(他认为是"局限")在于社会关系的差异化再生产,这是空间时间局限下的生产,应该超越人与自然关系、超越地理空间、超出物质利益追求去思考"空间的生产",这是纯粹的权力意志。所以他认为他从空间维度发展了马克思的历史辩证法。同年列斐伏尔在其著作《进入都市的权利》(Right to City)中,揭示了在资本主义社会,提供丰富的空间产品并不意在满足人们的生活需求,而是看重空间产品的交换价值,能为财富增长带来多大利益,因此采用不计后果的手段去提高交换价值,过度消费对民众生活的全面渗透和控制,成就了西方国家的美好称谓,对此人们应该对照消失的传统,审视自己的日常生活,这是城市生活的权利需求和诉求呐喊,人们应穿透空间政治幻象和隐性意识形态操控,追寻真正的意义,去创造一个真正让生活更好的城市。

列斐伏尔在《空间生产》中,用空间揭示社会和历史,他指出空间实践是空间的生产与再生产,空间不仅仅是生产的载体,已变成了生产要素本身,他把空间置于生产之中,对生产进行了空间化改造,进而提出了"社会空间"概念,他把社会空间规定为社会关系活动的结果本身,指的是与生产关系关联的理想化的空间计划,是与社会生活相联的。因此要理解这是什么样的社会关系,还有社会关系表征的空间,指生活的空间,是人们描绘日常生活时呈现的空间。资本主义生产在相当程度上已经成为一种不断超越自然空间的生产过程,资本主义的扩张主要体现为空间生产的扩张。

列斐伏尔认为,传统社会革命都是由农业革命占据主导的,但都市时代已来临,他所指的都市革命专指工业化进程中诞生的社会,它通过工业化进程本身对农业生产的支配和吸收建立起来,农业生产、农村已被工业生产和城市完全吞并和吸收,被融入工业及其产品的消费中。都市的日常生活是"创造物的创造",都市改革的重心应由生产重组和机构变革转向创造全新的生活。他认为都市化进程随着资本处理空间的方式、提供的空间生产导致了都市生活的恶化,但同时城市生活潜在存有重构的可能,也就是都市革命的可能,通过创造一个合适的空间、另一种生活方式来改变生活,进而创造新的社会形式和社会关系反抗资本主义。

（3）瞬间的星丛：以诗性创造实践摆脱消费主义的统治功能

在现代社会沉闷压抑的科层制下，日常生活被消费体系的笼罩所统治。列斐伏尔认为研究日常生活时一定要扯掉直接意识形态的"面纱"，才能抵达生活的现实，他举了一个形象的例子："一个妇女买了一磅糖……仅仅描述它是不够的，研究会揭示出：这个妇女的生活、她的经历、她的工作、她的家庭、她的阶层、她的支出计划、她的饮食习惯、她如何用钱、她的观念和想法、市场状况等。"①

而列斐伏尔发现都市化的日常生活，能让人找回古希腊神话所描绘的农业社会那种节庆欢乐场面，他认为都市让不同生活方式的人聚集到一起，可以把现代城市生活中的瞬间转变为一种新艺术姿态，把日常生活变成人们能够各显其能进行诗意创造的活动，其中有古希腊城邦民主生活的生命体验影子的"空间化"想象。

列斐伏尔的都市诗性创造革命计划目的是重建日常生活，他认为要打破节日和日常生活的界限，日常生活应该是充满光彩的，希腊神话中以酒神狄奥尼索斯式狂喜为象征的节日不应该与日常生活脱离，节日不该被商业化和升华，节日应该变得日常，或说日常生活要变得节日化，要以节日的复活去除现代性对日常生活的遮蔽，以人与自然欢乐融融的庆典精神的复苏超越异化。列斐伏尔号召"让日常生活成为艺术"，期望以人与城市诗意融合创造全新的生活风格。

列斐伏尔在《日常生活批判》第二卷中阐发了日常生活新理想指向即"诗性瞬间"。他认为瞬间是打破诗意创造与生活界限，"短促而决定性"的超凡脱俗的感觉，是日常生活蕴藏着的可能性、革命性的启示揭露，使日常获得解放的时刻。列斐伏尔肯定了艺术实践的革命潜能，在他看来，

---

① [法]亨利·列斐伏尔：《日常生活批判》第1卷，叶齐茂、倪晓晖译，社会科学文献出版社，2018年，第52页。

资本社会是符号拜物教与真实存在物相颠倒的世界,日常生活的主导形态由符号图像化的资本主义社会关系控制,语言蜕化成一种单一符号,"书写语言"被科层制社会用来统治日常生活,所以从理性哲学内部无法寻找日常生活重建的可能性,所以他希望有一场对书写语言的革命,列斐伏尔描绘了一幅真正能表达自身情感非理性的语言革命盛宴场面,这就是都市化的口头语言,即新的诗性语言。瞬间是超乎历史之外的诗性空间,诗是瞬间的形而上学,二者的复合是日常生活的一种拯救。

《日常生活批判》第三卷中,他以要点的形式总结了日常生活批判概念,这包括,日常生活是需求、欲望、娱乐彼此依赖的统一体;既有严肃日常事务,也表现为节日与娱乐,不应分化二者,节日是把日常生活的碎片重新融为一体放大了的日常生活。让日常不再平凡成为"瞬间的星丛",以穿越资本主义消费社会颠倒的幻象。

2. 赫勒:日常生活理论中的人道主义价值追求

阿格妮丝·赫勒是西方马克思主义创始人卢卡奇的学生。卢卡奇的研究已深入日常生活领域,他在《审美特性》中认为科学和艺术是源于生活的需要,从日常生活的"长河"中分流出的更高感受形式和生活再现形式,再通过对生活的影响重新回注到"长河"中。在卢卡奇的语境中,日常生活被视为人存在和发展的基础,而日常生活的主体,卢卡奇认为是"作为一个整体的人"。

20世纪50年代起,伴随赫鲁晓夫在苏共二十大上全盘否定斯大林模式的秘密讲话,社会主义阵营内部陆续出现质疑苏联模式的改革倾向。如1956年的匈牙利和波兰波兹南事件。赫勒在其师卢卡奇的基础上,先后写成了《现代性能够幸存吗》《日常生活》等著作,围绕日常生活人道化,探讨了人的解放问题,是对马克思主义关于人的问题的独特角度展开和深刻阐述,建立了相对系统的日常生活批判理论,赫勒因此成为重要代表人物。

赫勒在《日常生活面临着危险吗?》中,认为日常生活是"我们的主体间性世界构成在其上得以建立的共享的现代生活经验"①。她强调日常生活与一般意义的生活世界是不同的,它是自在的对象化领域,它也是人的一般社会生活、社会行动、制度的对象化基础,它是可改变的自在的领域。也是赫勒以马克思主义的理论视角强调日常生活作为社会实在的基础这一面,并把日常生活具体化为客观的、对象化的存在领域。她将价值学维度引入了日常生活,关注日常生活的人道化变革。她认为社会变革不仅仅靠宏观层面,人的态度改变内在地组成了社会变革的微观层面,肯定了平庸无奇日常生活的意义。

赫勒以马克思主义的研究视角,把人置身于社会关系中思考,认为每个人降生后都处于具体的环境之中,这意味着被置于有限选择的领域之中。因为阶层、分工、社会组织在制度性的领域进行,个人被赋予不同类型和程度的权力、财富、社会身份等,因此,个人不是作为一个整体的人被科层化、层级化,而是作为专门化的主体被层级化。作为生活主体,人应该有促进自己被社会团体、共同体需要的能力,以使自己生存和发展。在偶然性的环境中,人们应该学会何时使用"重复性思维"(指经验传承),何时恰当使用"创造性思维",不能只让重复性思维占据头脑,这样才能将自己的能力作用于外部社会,实现自身能力的对象化即实现个体的再生产。

(1) 日常生活是个体再生产的自在的对象化领域

赫勒认为,不管每个人在社会分工中的位置如何,人人都有自己的日常生活。而每个社会都有日常生活,自我的再生产让个体存在,个体的再生产让社会得以存在。日常生活是一个总体,是"通过个体再生产而使社会再生产持续可能的活动的总体"②。

---

① [匈]阿格妮丝·赫勒:《现代性能够幸存吗》,王秀敏译,哈尔滨:黑龙江大学出版社,2012年,第42页。
② [匈]安德拉什·赫格居什等:《社会主义的人道主义——布达佩斯学派论文集》,衣俊卿、文长春、王静译,哈尔滨:黑龙江大学出版社,2014年,第38页。

在个体层面上，日常生活描绘着自然的社会化以及自然的人化程度和方式。个体再生产是历史个体存在于具体世界中的再生产。我们降生于特定的世界中，必须在一定的限度内习得环境中的对象、习惯和惯例体系的一般能力，至少要获得日常生活特定的最低限度能力，否则人无法"存在"。赫勒此处举了脱离降生环境给定环境的例子，比如参军，还是需要学会很多新东西才能再生产作为个体的自身。

在本体论层面，特性和一般化是相对的，只有可以一般化的人才有对自己特性的意识，即自我意识。这是因为自我意识是在劳动（工作）和语言中，随着世界的对象化而形成的。赫勒在这里研究了劳动（工作），劳动的本质在于，它是日常生活的有机部分，又是超越日常、直接的类本质活动，劳动过程是类本质的对象化。劳动、语言都是一般化，没有类本质的传播，没有一般化，也就没有特性。但这也导致了日常生活的一般化可能会成为自我表现的束缚或制动之物，自我的特质在一般化中有丧失的风险。

赫勒借鉴了马克思"类存在物""对象化"的概念，"正是在改造对象世界中，人才真正地证明自己是类存在物"。"劳动的现实化就是劳动的对象化"。赫勒称人的对象化领域为类（spices）本质，并通过分析个体再生产展开的阶级、群体、共同体来建立起日常生活范畴。赫勒把日常生活的组织构架，对应成三个对象化领域。

一是"自在的"类本质对象化。"自在存在"是指尚未被认识和实践渗透的东西，当人开始创造自己的世界时，被引入了一个分层次但却统一的"自在的"对象化结构。自在的类本质对象化是人活动的结果，也是人活动的前提，它们是社会存在的基础，由工具产品、习惯和语言三个内在联系的要素构成。她保持了对马克思主义精神的承继，认为这一对象化的领域就是日常生活领域，这里重复性思维和重复性实践占据主导。人的生成始终通过自身的活动占有这一领域，可以避免超验推论。

二是自为的类本质对象化。"自为存在"指自然与社会关系中的整个实践领域。这是自由意志的对象化领域。自为的类本质对象化最高发展是科学、艺术、哲学。

三是自在与自为的类本质对象化领域。在"自在的对象化"和"自为的对象化"领域之间,有一个由两者分化出来的领域,这是介于"基本领域"和"最高领域"的中间领域,"这是社会—经济—政治诸制度的领域",赫勒也称它为"制度化领域"。这三个领域勾勒出了从"日常"到"非日常"的链条,这两者界限不是泾渭分明的。赫勒把劳动异化概念引入了日常生活分析之中,她认为劳动处于日常生活与非日常生活的交叉之中,劳动应该创造和再创造个人的生活,但异化的劳动只是再创造个人的特性。

(2)从本质上看,日常生活具有重复性、经验性等特征

赫勒揭示了体现日常生活特点的知识和行为的图式,"一些同质图式归类模式支配着极为宽泛的异质行为范围"①。重复性指重复的、恒定的、连续的从事习得的技能实践,从狭义来讲正是"日常"性所在,比如赫勒举例,在特定时代社会,妇女需要会针线活,才能承担给定社会关联的妇女角色。

经验性指日常生活被限定为"长入""即成"世界的过程,适应世界要求的内在过程。人们先是习得"即成"世界关于生活的基本规范,"我"在把生活经验传递给他人时,表达自己对世界的体验,这种经验传递中就是使曾经占有这个世界的"我"对象化。

3. 从价值取向上看,日常生活批判是为了实现日常生活的人道化

在个体的范畴上,赫勒对特性和个性做了区分。她认为特性是还没有同类本质建立起自觉关系的个人的存在状态。特性包括排他的认知、动机、情感以及特殊的禀赋。人在共同体中生存,要带着给定的某些能力、特质才能获得"准入",人往往以自我为中心理解个人世界的建构,进

---

① [匈]阿格妮丝·赫勒:《日常生活》,衣俊卿译,重庆:重庆出版社,1990年,第13页。

而会注重培养自己有助于在特定环境中生存的素质和特性。赫勒称完全基于特性而活动的人为"排他主义个人"。而日常生活的主体一直以特性为主,即以排他主义个人为主。这一自在的类本质对象化领域一直充斥着普遍的异化。赫勒称体现类本质发展的个人为"个体"。日常生活人道化的目的是有自由自觉的"个体"的实现。赫勒并不是主张让人们彻底摆脱特性,跳出日常生活结构和图式,人人成为艺术家、哲学学者和科学家。她所主张的是通过与艺术、科学、哲学,把特性和类的发展、类的价值置于自觉的关联之中,实现自为的价值等级结构。

赫勒理论的局限性在于她强调了人自身的改变、人态度的改变对社会变革的重要推动作用,也重视社会性、历史性对人的生计的决定性,但在她的理论阐述中没有展开个体与社会经济政治变革的关系。那么需要探讨的是,在社会经济、政治什么样变革的前提和条件下,才能实现赫勒所希望建构的个体再生产的"自在存在"向"自为存在"的跃迁,乃至实现日常生活人道化层面的个体改变。

综上,20 世纪西方马克思主义学者日常生活批判理论既拓宽了对西方现代性的认识,也丰富了生活世界理论,具体理论贡献表现在以下几方面:

(二) 具体理论贡献

1. 超越人的沉沦状态,唤醒人们的反思意识,让日常生活重新回归哲学

列斐伏尔主张日常生活应作为一个整体来看待,日常生活是人的总体化,人的认识和实现是一个总体性的过程,才能实现总体的人,因此日常生活批判应通过现代社会风俗调研,观察人们如何生活,这给日常生活批判提供了社会学视角。他还主张"让总体即日常生活成为艺术品",异化是人实现的障碍,生活艺术意味着异化的终结。他主张重新评估哲学

与生活的关系,哲学和艺术都被视为"高级活动",任务是超越生活,哲学将日常定义为高级活动后的残余,但哲学艺术从未脱离日常实践,日常生活的丰富性是哲学的基础。他重视人的主体性的恢复,有相当的启发意义。列斐伏尔影响了学生波德里亚,后者建构了消费社会批判理论。

列斐伏尔将日常生活视为希望与痛苦同在的文化土壤区,而赫勒认为是日常生活是文化沉淀区。二者将日常生活的各个领域纳入哲学研究之中,超越了传统哲学宏观叙事的弊端,为人从现代性的束缚中解放出来提供了重要理论参考。

2. 拓展了现代性问题的诊断路径

对于现代化来说,它指的是社会制度、社会结构、现代科学技术等诸如此类的先进程度;而现代性这个概念,它指的是对现代化所产生的社会现象进行的一种反思,是现代社会中的思想倾向、价值体系、标准尺度。

资本逻辑运作起源于生产,资本扩张首先是生产的扩张,消费成为产品生产的目的,面对这样的资本主义社会现实,在西方学界,日常生活的批判和建设成为20世纪的一个重要思潮,除了列斐伏尔和赫勒,许多学者也纷纷转向与日常生活相联系的现代性研究,他们对日常生活结构的分析,对生活异化消除的努力,对生活意义的论述,对日常生活人道化实现的探究,都有着积极的意义。哈贝马斯认为生活世界已被抽象体系殖民化,即技术控制理性化扩张导致了日常生活被殖民化的过程,他主张以交往理性取代工具理性,他尝试用商谈伦理来解救交往异化,构建平等、自由的交往环境和生存状态。在哈贝马斯看来,生活世界作为一切交往行为依赖的场所,是用语言对其背景知识进行储存,语言是人们交往活动中最重要的形式和规范的基础,也是通向生活世界的通道。显然,这是对人们消除压迫、平等交往的解放道路的努力。

安东尼·吉登斯在《现代性的后果》中认为生活世界并非被嵌入、被消解于抽象体系中,在广泛交互的社会变革中,日常生活的组织形式被重新建构起来,因此日常生活的性质变化也反作用于现代制度。丹尼尔·贝尔认为,现代主义有三种特征,第一,它是对秩序的反抗,侧重个人,是经验的而非理性主义的,"上帝已死"的社会意识下世上没有任何神圣。第二,风格上它追求即兴冲动,超脱俗念的神圣之感被销蚀,审美心理距离被缩短,时尚变得花哨浅薄,超脱感变得哗众取宠琐细无聊,对资本主义的批判否定因经验上的绝对现在性让其"徒落个反叛的外壳"。第三,重视传播媒介。以"未成型"的感觉转达,形成"有型"的效果。① 理性宇宙观被摒弃,这触发了日常生活的审美呈现(the aestheticization of everyday life),艺术与日常生活之间的界限被销蚀,如达达主义代表人物马塞尔·杜尚,意图打破艺术的神圣光环,消解艺术的灵气,击碎艺术作品的尊崇地位。迈克·费瑟斯通认为,日常生活的组织原则呈现一种"日常生活审美化"趋势,以审美的方式把精神生活私人化,在生活的审美呈现上,现代社会日益把"美的生活等同于伦理上善的生活",善与恶的伦理法则让渡于"超功利"的审美接受,新型中产阶级倾向于"任意地按审美的方式来构成"② 日常生活,把身体、家、汽车等物品当作人格的延伸,使这些物品承载个性特征,追求生活风格化,通过服饰、个人嗜好、行为举止等方面的生活方式标新立异,花样翻新生活风格口号"没有规则,只有选择"。费瑟斯通认为现代人是"使自己头脚倒置的人",以追求新品味、新感觉的消费文化建构浮华主义式的煊赫显耀,在物欲主义释放的同时,现实与影像的差别在审美幻觉化中消融,仿真的世界以日常生活审美的方式呈现出来,通过感受和即时体验建构示范性生活方式,来强调在大众消费的梦幻世界中自己的特殊优越地位。施特劳斯认为日常生活审美化是一种现代性的问题症

---

① [美]丹尼尔·贝尔:《资本主义文化矛盾》,蒲隆、赵一凡、任晓晋译,上海:生活·读书·新知三联书店,1989年,第31页。
② [英]迈克·费瑟斯通:《消费文化与后现代主义》,刘精明译,上海:译林出版社,2000年,第72页。

候,这不仅是乐观的感性解放,它呈现的消解性和解构性是经济自由主义逻辑的量化扩张。

现代性作为社会发展模式,具有流动性和全面性的特点,伴随着社会进程的加速,人们生活方式的剧烈变迁,从流动性的层面看,外部环境持续的不定型,现代性在流动的现代化进程中呈现一种革命的、永恒流动的价值体系;从全面性的层面看,作为价值体系,现代性在总体的历史发展中已经渗透到生产生活各领域并对社会结构和社会关系产生了全面的影响。中国式现代化道路所呈现的人类文明新形态将给现代性注入新的价值内涵,但同时中国的现代化也需直面西方现代性的渗透。

二、局限:调和式思辨演绎　无法跳出西方现代性

西方马克思主义理论思潮一直占据着一个理论位置,面向资本主义社会提出的方案充满了想象性的"颠覆性"和思辨性,但脱离生产力与生产关系、生活实践等实质内容,虽然给当下现代生活许诺了一个光明的未来,但因其虚幻性,不免有语言乌托邦的倾向,也就削弱了其批判的力度。比如赫勒认为日常生活人道化不意味着抛弃现存的日常生活结构,因为他们无法跳出资本主义现有社会结构去"解放人类"。这种批判是资本主义社会结构与理论体系内部的批判,是调和式的思辨演绎,无法对生活症结给出革命的、彻底的解决路径。西方马克思主义学者与马克思科学世界观和方法论相距甚远。20世纪60年代,1968年五月风暴的运动失败,标志着以学术为理论中轴的西方马克思主义在欧洲遇到了实践层面的终结。

伴随社会历史的现实变革,现代性在它诞生的地方遇到了危机。在哈贝马斯看来,现代性是"一项未完成的设计",根据现代精神建构一种理想化的历史形态是未完成、未终结的进程,正是如此,这与社会生活总体

性遭到规训、操纵、控制所呈现的现代性的畸形现象,即异化的、同质化的生活关系,形成批判的张力,需要改变视角,协调价值规范与现代化进程,从其他方向改变生活世界的结构。他对现代性的治疗方案是把交往行为作为构成具体生活方式再生产的中介,将交往理性在现代生活世界形态中释放出来,以调整资本主义经济过程和社会其他领域的关系与结构,恢复生活世界的能动性,来避免系统对生活世界的殖民化和侵蚀。

综上,西方马克思主义者日常生活批判理论虽然看到了进行社会关系、社会规范重构的必要性,体现了实践的历史性,但这种重构的理性原则是在资本主义制度框架下的,从现代性的角度看,生产力的发展会对既定社会秩序形成挑战,他们没有认识到维系资本主义社会的基本标准和尺度正是其不可克服的局限性。

现代性意识主要寄存于生活世界中,中国式现代化从其历史形成、目标导向以及实践机制看是社会主义现代化,创造性的现代化建设理论实践有别于资本主义的现代化。而现代日常生活的组织和形式,内蕴着社会发展的目的向度,离不开与社会变革发生交互作用,并在彰显具有总体性特征的社会现实中得以重新建构起来。中国式现代化所倡导建构的生活方式和生活思维所属的价值序列是有别于西方现代性的。因此,日常生活批判理论需要在中国语境中和中国的现代化进程有机结合,做出新的生活世界理论范式的时代阐释和发展完善。

第二节 新时代美好生活的展开与新型现代性的生成发展交互演进

西方率先步入现代化场境,现代性问题发轫于西方,"社会生活或组织模式,大约十七世纪出现在欧洲,并且在后来的岁月里,程度不同地在世界范围内产生着影响"①。率先完成工业革命的欧洲国家成为现代性的起源地,两个多世纪过去,地理空间上它已横跨全球,世界历史进程中,非西方国家也逐渐受到了现代性的影响。但同时,现代性作为特征和属性也是动态发展着的,不具有固定的状态,也不是标准的模式,经历了文化的变迁、工业化的转型、社会主义制度的确立和发展,已不仅仅只存在"原初"的现代性了,与之平行的现代化也是现代人类历史实践不断展开和行进着的过程,它不是单一的、线性的发展模式,而是非中心化、非线性的复杂发展进程。

传统西方语境中,对现代化和现代性的认识是有局限的,是局限在"资本主义秩序"之中的。现代化绝不等于西方化,西方化是把发达国家现代化发展路径奉为"标准"视为"模板",把发展中国家纳入西方构建的世界体系之中。中国的国情决定了我国的现代化不能简单照搬西方道路,马克思主义中国化的实践让中国现代化成为从西方模式遮蔽下解放出来的创新发展道路。基于观照中国发展现实,它不仅跳脱出西方路径的限制,也并非自身传统的简单套用:"当代中国的伟大社会变革,不是简单延续我国历史文化的母版,不是简单套用马克思主义经典作家设想的模板,不是其他国家社会主义实践的再版,也不是国外现代化发展的翻版。"②

中国式现代化新道路,以生产方式变动结构的历史整体,彰显了人类文明新形态,塑造了中国现代生活的理想图式和实践方式,体现了中国现代化的主体意识和实践自觉,这是一条属于人(不是"只见物不见人")的现代化道路,是人的生活方式和日常思维、观念的现代化,内含探寻内在思维由自发自在的状态向自觉自由生存状态的变革跃迁。

---

① [英]吉登斯:《现代性的后果》,田禾译,译林出版社,2011年,第1页。
② 《中共中央关于党的百年奋斗重大成就和历史经验的决议》,《人民日报》2021年11月17日,第1版。

一、新型现代性与西方现代性的关联之处

我们破除了对现代化不等于西方化的认知的同时,也要看到西方现代性问题在不由个人意志决定的世界历史进程中已跨越了民族国家界限。现代化进程推进了全球化,具体表现为资本的全球扩张、世界市场的形成。现代性的根本性后果之一是全球化,马克思预言到资本在全球范围内流动的趋势。全球化是流动的现代性(吉登斯语),在发展不平衡的碎化中,世界也在整合,民族国家进入了相互依赖的形式关系,"各民族的原始封闭状态由于日益完善的生产方式、交往以及因交往而自然形成的不同民族之间的分工消灭得越是彻底,历史也就越是成为世界历史"[①],这一流动轨迹不可能逆转回去,身处其进程中每个国家、民族、地区,也不再是封闭孤立的发展。由此,现代性问题已跨越了民族国家界限,中国式现代化也必然深深打上这世界历史的印痕。

在世界市场和全球化的影响下,中、西现代化具有的共性包括:现代民族国家建立、世俗政治权力合法化、工业化、城市化以及开放性,没有一个国家可以在一个封闭的环境中走向现代化。现代性思维机制的本质以理性、契约性为特征。这些都是现代化的表现和指标,代表着人类在政治经济文化、生活方面深刻的转型。

在历史进程中,西方作为先发现代化国家对中国等后发现代化国家有着相当程度的影响。有后发国家对先发国家现代化经验的吸取和发展,但更要看到西方现代性因其内在局限,对后发国家的消极影响,这部分我们需要用中国式现代化的进步性去超越。对现代性的反思离不开现实生活的展开,资本主义在世界历史进程中率先跨出民族国家的范围,将

---

① 《马克思恩格斯文集》第 1 卷,北京:人民出版社,2009 年,第 540—541 页。

资本主义经济的生产方式和组织方式散播到全球市场,进而强烈冲击着民族国家原有生活方式,中国现代生活形态,无法回避西方现代性的外部弥漫。新型现代化生活的建构既是一个向上的价值取向,也是一个漫长迂回的现实运动。

二、新型现代性构成不同于资本主义生活样式的图景

现代化是现代性向外扩散的过程,中国作为后发现代化国家,对现代化生活的理解要防止在西方现代性范式下被资本主义"格式化"。中国式现代化正视西方现代性带来的负面效应,没有将这些弊端归咎于现代社会本身,没有陷入观念论批判的意识形态之争,没有放弃现代性发展目标,而是积极探寻合理可行的现代化路径,辩证对待经济理性和资本力量,进而在世界历史发展中开创出一条人类文明发展的新道路,即中国式现代化道路。

(一)中国现代化发展历程

中国共产党对现代化实践规划的思考不是如西方政党以任期为时限,而是"建设社会主义现代化国家、实现中华民族伟大复兴,是我们党孜孜以求的宏伟目标",①中国的社会主义现代化是"远大理想"的价值遵循下接续奋斗的历程。1953年12月,党中央明确提出"农业、交通运输业和国防现代化的目标",首次明晰"现代化"的既定目标。1954年第一届全国人大概括了"四个现代化"的目标,即"现代化的工业、现代化的农业、现代化的交通运输业和现代化的国防"。② 毛泽东在八大中指出:"要

---

① 习近平:《习近平谈治国理政》第3卷,外文出版社,2020年,第94页。
② 《建国以来重要文献选编》第5册,中央文献出版社,1993年,第584页。

把一个落后的农业的中国改变成为一个先进的工业化的中国。"这一时期,对社会主义现代化建设的战略规划聚焦于工业化。

面对资本主义内部矛盾,早期社会主义体制借助与资本主义世界的脱钩取得了成就,但长期与发达世界隔断,经济效益递减,改革开放是为了解决这一问题应时而生、兼收并蓄,党的十一届三中全会作出实行改革开放,"把全党工作的着重点和全国人民的注意力转移到社会主义现代化建设上来"①的历史性决策,这是中国以灵活务实的方式运用资本,同时坚守马克思主义,建构社会主义现代化社会的开端。1979年3月,邓小平第一次提出"中国式的现代化"概念,"中国式现代化,必须从中国的特点出发"②。同年12月,邓小平会见日本首相大平正芳时指出:"我们要实现的四个现代化,是中国式的四个现代化。我们的四个现代化的概念,不是像你们那样的现代化概念,而是'小康之家'③。"小康之路叠加着工业化、城镇化并联发展的局面,高速高效基本走完发达国家两百多年所经历的工业化道路,"小康生活"这种与物质文明紧密相连的生活方式逐步在人口数量超大型的中国成为现实。

关于现代化建设步骤,党的十四大报告提出"加快改革开放和现代化建设步伐",制定了"三步走"战略目标,其中的第三步就是到21世纪中叶"基本实现社会主义现代化"。关于现代化建设的模式,党的十八大以来,以习近平同志为核心的党中央从中国实际出发,在新历史方位,对中国式现代化建设作出总体布局的设计调整,以一系列重大创新举措推进社会主义现代化强国建设,如突出环境与发展的关系,把"美丽"作为现代化内涵之一。中国式现代化新道路,是人类文明新形态,是中国现代化建设自启程以来不同历史阶段的经验总结,以及在这一过程中形成的重要共识,是

---

① 《三中全会以来重要文献选编》上册,中央文献出版社,2011年,第4页。
② 邓小平:《邓小平文选》第2卷,人民出版社,1994年,第164页。
③ 邓小平:《邓小平文选》第2卷,人民出版社,1994年,第237页。

适合自身独特的现代化新途径。党的二十大报告中提出"坚持中国共产党领导,坚持中国特色社会主义,实现高质量发展,发展全过程人民民主,丰富人民精神世界,实现全体人民共同富裕,促进人与自然和谐共生,推动构建人类命运共同体,创造人类文明新形态"①是中国式现代化的本质要求,其中领导力量、道路选择彰显了中国式现代化的根本要求,"五位一体"统筹推进体现了目标方向,人类命运共同体的构建体现了时代价值,人类文明新形态的创造彰显了中国式现代化的世界贡献,具有深刻的内在逻辑。

(二)西方现代性的弊端

现代作为一个历史分期概念,其社会历史进程便是现代化,现代性和现代化历程不可分割,现代化社会历史进程的总体性特征便是现代性。由于社会化大生产和生产资料私人占有的矛盾,西方现代性自起步便自带顽疾,导致某些现代性成分片面推进,所带来的社会变迁影响深远,让"一切坚固的东西都烟消云散了"。

马克斯·韦伯、哈贝马斯都聚焦现代性问题,意识到了资本主义现代性的局限。《新教伦理与资本主义精神》中认为现代性体现在行政管理科层制,这是对理性化管理模式的描述,比起粗放经验式的传统管理,它有其进步意义,但严格的工具理性倾向,导致公众生活领域"非人格性控制"下"过于制度化",相对应的个人生活变弱了,如对创造性的压制等,人们便退缩至自身内部去寻求自由和稳定性。

《现代性的哲学话语》中,哈贝马斯认为"工具理性向所有生活领域的扩张是破坏性的"。他认为生活世界被现代性制度构成的"系统"殖民了,现代性制度侵占了社会生活,法律体系、道德观念、现代科学都被工具理

---

① 习近平:《高举中国特色社会主义伟大旗帜 为全面建设社会主义现代化国家而团结奋斗——在中国共产党第二十次全国代表大会上的报告》,《中华人民共和国国务院公报》2022年第30号。

性统治了,压抑住了它们原有的丰富意义和内容。生活在这里得到的只是基本满足,在生产的技术规则、实用性的功利取向下,生活被弱化了,只有在系统中合理化的生活世界的现代性内涵才能获得释放,技术和科学从"意味着解放的潜能"到成为"社会压迫手段",与生活世界分离了。

在《现代性的后果》中吉登斯认为19世纪后期,现代性的最初计划在其诞生之地——西方,遇到了问题,并引发了一些严重的危机。他引述了迈克尔·波兰尼在《大转型:我们时代的政治和经济起源》中的话,把自由资本主义比喻为"魔鬼磨坊",普遍商品化造成的市场从人性约束中脱离,让它能够碾碎一切,它把人本身变成了劳动力,把货币、土地变成商品,让市场和社会整体"脱域"。

从马克思主义的批判视角来看,在资本逻辑支配下,资本造就了"商品拜物教"。波德里亚在《生产之镜》中分析,生活体验都卷入商品化旋涡之中,人们的消费需要和欲望是被制造出来的虚假需求,人变成了消费机器,"生产和消费在生产力级控制的再生产中属于同一个大的逻辑过程。这一从属于系统本身的命令以颠倒的形式进入精神、伦理和日常意识形态中,并极其狡猾地以需求的解放、个人的实现、享乐和富裕等形式出现"。意识形态成为"物化意识",拜物教式自我实现在消费主义的生活图景中沉沦,成为现代世俗理性和工具理性的根源。

西方马克思主义学者齐泽克用"资本的幽灵"来补充《共产党宣言》中的形象,这种资本的消解性表现为"资本主义带来了社会生活的根本世俗化,把人的个人尊严变成了交换价值,所有神圣的奇想都还原为冷酷的经济现实,这就产生了它自己的幽灵性"[1]。系统的资本主义生产让生活逻辑在工业逻辑中迷失,竞争的内卷、生态风险、战争、瘟疫等威胁,引起人内在

---

[1] [斯洛文尼亚]齐泽克:《易碎的绝对》,蒋桂琴译,南京:江苏人民出版社,2004年,第11—12页。

不确定性的心理深层焦虑和作为个体的无能为力感,理想价值陷落,意义丧失,虚无主义盛行。人们躲回日常生活场域去寻求慰藉,但这又导致宏大叙事被解构,碎片化思维方式盛行,这成为当代西方现代性下的生活样态。

人们不满资本的剥削和操控,工具理性被质疑,同时,生态问题让人们意识到追求无限消费的资本积累不可能无限制地进行下去,"发展方式变迁及其所带来的生存方式革命,从深层次上决定文明形态变革"①,将变革以资本逻辑为特征的人类文明形态。当代法国思想家埃德加·莫兰认为,现代性的神话随着驱动世界的四部发动机(分别指资本主义、市场经济、技术、科技)的失控发展,面临破灭,面对现代性的种种矛盾,一种表现为追求生活质量的新型文明萌芽正在涌现,存在着"改换道路以谋求一种新的起始"②的可能性。

(三)中国道路对资本主义现代性的超越

中国运用了不同于西方的发展路径通向现代化,因此中国现代化具有革命性、超越性和突变性。这些特点集中体现在中国式现代化在西方文化与中国传统文化的张力间找到了相对平衡的立足点,以中国马克思主义的理论智慧对其进行架构支撑,为人类文明创造出一种新形态。超越资本主义现代性关键是要超越资本运行的逻辑,消除绝对贫困、全面建成小康社会,中国以共同富裕为导向的发展,其实是在现代化必有要素资本逻辑导致的贫富差距中找到了一个平衡点,让资本逻辑不再是不可撼动的铁律。

新时代中国总结现代化的一些重要经验,开启了全面建设社会主义现代化的进程。党的十九届五中全会上阐明我国现代化的五个特征。第

---

① 袁祖社:《当代文明形态变革之主题自觉与中国式发展理念的实践—价值逻辑》,《学习与探索》2016 年第 11 期。
② [法]埃德加·莫兰:《现代性的危机》,陈一壮译,《国外理论动态》2012 年第 11 期。

一,人口规模巨大的现代化。西方现代化国家总体人口之和为10亿人,中国与之对比可以说是少数人享有的现代化,而中国一国的人口超过全部现代化国家的人口总数,为14亿人。就消除贫困一项,新时代八年间,中国解决了近1亿人的绝对贫困问题,体现了以人为中心的现代化。每个人都能过上现代化的生活,而不是只有财富金字塔顶端百分之一的人口去占有现代化成果,这是中国现代化区别于西方的重要特征。

第二,是共同富裕为导向的现代化。全面建成小康社会是中国自觉解决贫富差距、促进社会公平的扎实举措,这是通过"有效的市场"实现物质丰富财富增长,通过"有为的政府"去弱化资本逻辑,在资本与劳动的矛盾中,调整收入分配体系而实现的,体现了对每一个劳动者的关切,最终落脚点是每个人的富裕生活。这是区别于别国现代化的根本标志。

第三,物质文明和精神文明相协调的现代化。统筹意味着协调发展、平衡发展,在内容上,不单单是物质领域经济增长、科技创新、生活富裕,还强调文化领域精神层面的"富裕"、人民精神文化生活丰富,这也是唯物史观社会存在与社会意识的统一。物质充裕是现代化的共性,但精神充实、精神富裕则包含了价值引领,是有社会主义价值取向坚守的,而非金钱为大、资本为王,这与掉入福利陷阱的民主社会主义有了本质性区别,也体现了从物的依赖到全面发展的递升。

第四,人与自然和谐共生的现代化。人是自然存在物,生态文明建设摒弃了人与自然主客二分的思维,重塑二者辩证统一的共生关系。西方早期旧工业模式单维度强调经济增长,国民收入的增长为重要目标,代价是资源过量消耗,环境生态的破坏。20世纪60年代西方理论界对唯经济增长论进行了反思,认为国民生产总值衡量不出生命真正价值,认识到增长和发展是两个概念,如果"增长"的只是物质财富,却无法让环境破坏、不平等、贫困问题减少,那么,不可能达到真正的"发展"。至20世纪70年代,理论界认识到了因自然承载力有限而产生的增长的极限问题,开始有了发展也包含环境问题的意识。我国现代化视人与自然是和谐共生的共同体,将发展与环保统一起来,不牺牲任何一方,不偏颇任何一方。也熔铸了中国传统文化天人合一的思想,中华文明历来强调"致中和,天地位焉,万物育焉",即天地万物各处其位、繁育滋长的"中和位育、安所遂生"的思想,人与自然是"并育而不相害"的依存共同体关系,所要实现的是生态良好的富裕生活。

第五,是和平发展的现代化。传统现代化多以殖民扩张完成初期血腥积累,进入现代化后又停留在冷战思维、非友即敌的对立框架之中。而中国正因和平发展、和平建设的一贯历程和主张,才会一以贯之地提出人类命运共同体全球治理思路,这种共同发展是和平发展的延伸。

由此,可以看出,中国式现代化道路把社会主义现代化和满足人民美好生活需要有机贯通起来。中国道路对资本主义现代性的超越表现在:

第一,对现代性异化的自觉警惕——对资本的约束、限制、驾驭。西方现代性主要特征表现为"城乡对立、工农对立、人与自然对立、区域对立"[1],而中国特色社会主义是全面发展的社会主义,中国富有创造性的现代化建设为避免片面现代性,把政治文明、经济繁荣、文化自觉、生态文明、社会和谐建设作为一个有机整体,以政治文明先进文化引导物质文明,以生态原则引导工业文明、社会发展,以城乡协调引导城市化进程的新现代性。

第二,对生活基础的自觉呵护——从发展到生活。并不是所有的现代化道路都是为了实现"每个人"的美好生活。从现代市场经济的发展看,现代化随着物质生活条件的不断积累和丰富,通常都会出现"现实化"或说"世俗化"的倾向,它表现为一种神圣观念的退隐和人与人之间的依附性降低,破除禁欲主义的人们释放自己的欲望与主体性,正面的价值在

---

[1] 任平:《马克思的现代性视域与当代中国新现代性建构》,《江苏社会科学》2005年第1期。

于，更注重自身生活需要的满足，重视现实日常生活价值，更倾向于信任理性，能够对自身生活方式做选择和判断。但负面影响在于，过于追求世俗利益，理性被工具化用于功利牟利。所以中国现代化美好生活，"生活"是对世俗性的肯定，"美好"是为世俗性兜底，它以社会主义价值指向性为这种世俗化指明界限在哪里，什么样的现代性才是值得追求的。

第三，"中国之治"的价值旨归——满足人民对美好生活的向往和实现人的全面发展。"中国特色社会主义道路是实现社会主义现代化的必由之路，是指引中国人民创造自己美好生活的必由之路。"①中国式现代化进程中的中国之治不是静态已完成，中国现代性是未完成的、正在继续生成中的，14亿人整体实现现代化生活要解决的不平衡不充分发展的矛盾在结构和体量上都是空前的，所以这是一个阶梯式递进的过程。

西方现代化道路上资本逻辑是贯彻各层面领域的，由此宰制的经济关系必然以利润最大化为追逐核心，必然会产生生态破坏以及雇佣劳动异化，以物为本、以"资"为本的经济关系和价值取向，必然导致人与人的社会关系功利化盛行，人的现实意识和自我意识也必然存在利己主义等内生性问题。

中国式现代化以人为中心维护社会公正发展的社会主义原则，强调激发市场活力的同时，在政府引导下有序发展，人与自然的关系强调和谐适度共生，人与人的社会关系主张和谐互助，人与自身强调物质精神多向度全面发展，有效规避了西方现代性的内生困境，国家道路发展和美好生活前景的结合，把生活内容的广度和深度都拓展了。中国式现代化作为后发的"非资本主义"的现代化，是一般性与特殊性的融合，是美好生活的历史起点，进而避免了生活在西方现代性范式下被"格式化"。

---

① 习近平：《决胜全面建成小康社会　夺取新时代中国特色社会主义伟大胜利——在中国共产党第十九次全国代表大会上的报告》，《人民日报》2017年10月19日，第2版。

第六章 中国式现代化进程中美好生活建构内涵和路径

- 第一节 美好生活视域下的日常生活变革
- 第二节 以美好生活为旨归的日常生活构建内涵
- 第三节 人类文明新形态视域下的生活品质提升
- 第四节 中国式现代化进程中的美好生活建构途径

第六章 | 中国式现代化进程中美好生活建构内涵和路径

中国式现代化道路是创造人民美好生活的必由之路,党的十九届六中全会审议通过的《中共中央关于党的百年奋斗重大成就和历史经验的决议》,从十三个方面总结新时代中国特色社会主义的伟大成就,人民对美好生活的向往正在不断变为现实。在发展支撑、发展方式上能找到与本国国情相适应的现代化道路,才可能通向"走得稳、走得好"的高质量发展。全面建设社会主义现代化国家新征程上,我们应从制度、治理层面的现代化和人自身现代化几个角度立足时代问题进行探讨,为"更稳""更好"地实现美好生活的需要形成合力。

"重新发现"中国特色社会主义语境下的生活世界是以实践为中介的,变革日常生活,改变生活主体的存在状态,使生活态度和生活方式由自在和自发状态进入自为和自觉状态,进而建构美好生活的"改变世界"才是本质环节。

呼应本书第二章分析的马克思对生活世界的观照,如何形成自由人联合体?马克思提出两个条件:个人的条件、外在制度性条件。对应的是日常生活层面的变革和非日常生活层面依靠宏观引领、制度建构的路径,这为今日中国式现代化的实践进程建构美好生活提供了逻辑通路。

首先需从日常生活变革入手,变革内容包括超越传统僵化生活模式和西方现代性渗透下的日常生活深层异化;变革路径包括从人与自然关系维度变革消费生活,从人与人关系维度变革日常交往生活,从人与自身关系维度变革思维活动和观念生活。

同时,中国式现代化新道路以人类文明新形态塑造了中国现代生活的理想图式,新文明形态的范畴微观地体现在生活形态嬗变的生活图景之中。社会主义文明对生活方式的价值牵引,需要有效的政治引领、制度性的成长发展为美好生活保驾护航。因此,本章研究视角将非日常生活领域的制度体系保障、顶层设计等战略引领嵌入日常生活中,论证了日常生活层面的现实创造与非日常生活层面宏观引领在美好生活构建过程中的共通融合,以形成中国式现代化进程中美好生活建构的实现途径。

第一节　美好生活视域下的日常生活变革

日常生活批判指的是对中国社会日常生活结构中阻碍现代化进程的部分进行审视和思考。现代化首先是人的现代化,日常生活展现的是人的生存方式,所谓"批判"是对中国式现代化进程中人的生存方式的反思。日常生活既有蕴藏无限活力动能的一面,也有狭窄、封闭、固定的一面,我们要在日常生活的重复性、自在性和非创造性中,甄别来自传统、习惯、经验中僵化的、禁锢的、惰性的日常生活思维和生活方式,也要识别来自西方工具理性盛行的"见物不见人"的生存方式和技术理性操控下人的异化状态。

一、对传统僵化禁锢的日常思维和生活方式的变革

日常生活是属人的世界,对应人与自然的关系,包括日常消费活动;对应人与人的关系,包括日常交往活动;对应人与自身关系,包括日常观念活动。从日常观念看,它是最普遍的思维活动,自在自发地指导着我们的生活实践。对照前文日常生活和非日常生活的划分,那么指导生活的观念也可分为日常思维模式和非日常思维图式。我们从传统农业文明向现代工业文明迈进,日常思维的经验图式承继了世代相传的习俗、礼俗,因此它有着重复性、自在性、情感性、实用性、保守性等特征,非日常思维呈现创造性、自觉性、理性化、创造性等特征。

传统和现代不同的思维方式和生活样式之间的关联是不可割裂的,

在日常生活中形成的经验思维,既有传统的宝藏,也有属于传统的糟粕,或隐或显地活跃在生活各个层面,我们要做的是觉察、超越、更新日常思维中因循守旧僵化的、束缚性、压迫性的部分,实现内在思维层面超拔于自在自发的日常状态,实现向自由自觉状态的跃迁。传统社会日常生活的封闭性使得生活主体形成的依附心理和封闭意识,在以开放性为主要特征的现代生活面前,存在一定矛盾。

有一种情况需重视,即用传统日常思维模式占据现代非日常生活的现象——"非日常活动日常化"。非日常生活有两大重要领域,一是科学、艺术、哲学等精神生产领域,另一个是经济、政治、公共事务管理等制度化社会活动领域。如传统人情社会形成的裙带法则、官本位思想、经验主义,如果用以去指导现代政治、经济、社会管理等非日常活动,那么这些潜规则和既定教条会极大压抑现代化中创新性和超越性的维度。非日常生活对日常生活也是一种重要补充,日常生活有其浅表性、因循性的一面,如果生活中只有封闭静态日常维度的生活思维与自发行为,缺少非日常生活创造性、超越性的维度,生活易陷入物化,成为实用主义的牺牲品,导致生活缺少超越性向度的反思。

还有一种情况也需注意,即非日常生活对日常生活的遮蔽。在传统的文化语境中,人们往往更愿意从非日常的观念世界,以及政治经济、科学技术等制度化的世界层面谈生存问题,日常生活被当成琐碎的、可有可无的"剩余物"。但生存和生活是同一的,生存是理论意义上的生活,是作为人之生存的存在,关心的是什么样的生活方式、生活样态最能够"活下去""活得好",生活则是通俗意义上的生存。如果生活只由单一的非日常生活引领,在各类体制机制、宏大理念以及绩效标准的规划下,由于缺少生活鲜活的根基,在追逐表面目标和数据的诉求下,容易把生活规划为从属社会规范的机械行为,走向非本真的"发展",进而更大程度割裂民众生活与社会发展,遗忘生活的真正意义,加剧民众生活的困顿。讨论人如何存在,就是在讨论如何美好地生活,这不仅是终极认识层面的问题,而且是终极实践层面的问题。

这种现象在当代社会生活中还有一种表现是过度反思问题,反思变成了一种实用主义,生活的欲望、动机都要上升为观念,不是到生活里而是到观念中找确定性,平常、琐细的事被认为没有价值、无意义,但缺失厚重、鲜活生活承托的反思是轻飘的,这也正是马克思主义所批判的那种"解释世界"的无根性。

二、超越资本逻辑对生活的宰制

现代化是现代性向外"扩散"的过程,现代性是现代人生活生存的实质状态,现代性的危机实质就是现代人生存和生活的危机。马克思主义认为,西方现代性的实质是资本性,现代性的形塑伴随资本主义的生成和资本扩张,也同时实质性地塑造并革新着现代人的生活方式。扬弃并超越资本逻辑主要是超越西方工具理性盛行下那种"见物不见人"的现代化,分以下几种情况:

一种是超越资本与技术理性"合流"下的异化。

工具理性与资本逻辑是西方现代性的两个基础性要素。理性在精神层面形塑着资本主义现代生活,资本在物质层面构筑着资本主义现代生活。吃住、交往和休闲等日常生活,虽简单、重复、自发,但却是非日常生活得以正常开展的前提,是美好生活的基础,它为人提供生存所必需的熟悉感、恒定感和归属的自在感,对人们安放身心、生成生活意义具有重要价值。但当生活被异化为获得文凭财富、跃迁阶层、改变命运的工具,生活被工具化,日常生活受到隔离与排斥,日常生活便不再被重视和认真对待,这种忽视日常生活价值和意义的功利化,让人缺失生活根基,是导致生活枯燥、压抑和人的异化的主要原因。作为人的基本"寓所",衣食住行周而复始的重复性经验为人们提供安全感,这种思维模式、日常习惯的生活基本图式能带来熟悉感、归属价值,具有疗愈的作用,能够调节现代性导致的不确定性,缓解现代工业体系中的某些因素如焦虑、不安,让人在自在的、稳定的、"锚点"般日常生活中寻找到归属感,是弥补资本逻辑非人性化的一种可能路径。

现代社会,科学技术成为经济社会发展的重要推手,科技与现代性问题的生成也逐渐关联紧密,"科学技术是第一生产力"在当代中国已成为社会主义现代化的重要共识。信息时代的网络化、数字化、智能化,伴随着这些新技术的变革更迭,技术理性对人有了更深的操控,可以说不存在与价值无涉的工具理性,工具理性是理性在现代社会的分裂,对人的价值的贬斥。正因这种分裂、贬低与遗忘,才有了随着科技发展现代性的技术统治。科技在促进社会发展和人的生活系统中日益占据统摄地位,但同时也存在侵犯隐私权,算法"利维坦"等科技伦理风险。2022年3月国务院《关于加强科技伦理治理的意见》出台,提出"要把满足人民对美好生活的向往作为科技创新的落脚点",技术理性是技术与理性"汇流"后依照利益原则,技术制造物对人的统治和控制,表现为技术制造物的异己性或说技术理性异化,以及对生活世界的疏离。这意味着在中国现代性的建构中我们需要有效防范技术理性的控制支配,超越技术理性的工具性。

一种是超越资本与消费"共谋"下的异化。

资本的运行逻辑内在地蕴含着生产资料消费和生活资料消费,如果说在生产、分配范畴,资本是缔结生产和交换关系的"普照的光"[①]和"吸血鬼"[②],那么在消费范畴,资本则是"魔法师"[③],资本的扩张性引发了世界范围的消费以及由此产生的消费主义。市场经济建设过程中,消费作为经济发展重要环节,加之科技的发展不断突破消费需求的界限,消费各式符号

[①]《马克思恩格斯文集》第8卷,北京:人民出版社,2009年,第31页。
[②]《马克思恩格斯文集》第5卷,北京:人民出版社,2009年,第269页。
[③]《马克思恩格斯文集》第2卷,北京:人民出版社,2009年,第37页。

和映像有了越来越多的选择,消费主义文化也就有了不断滋生的场域。从其消极面看,消费主义会成为影响市场有序健康发展的文化阻碍。因此理性地反思资本与消费"共谋"的内在逻辑是建构美好生活的一个重要任务。

物质生产本应是人创造自己生活的过程,但资本作用下,物质生产主要为了资本增殖,生产与人的发展相分离。商品的价值形式被量化为交换价值,背后凝结的抽象一般的劳动则被无视。随着社会生产强制性的扩展,人的生活世界也被商品化,生活诸价值也被表面量化,商品拜物教进而诞生。消费社会带来的世俗化转向,使生活化走向物化,唯物主义被曲解为"唯物质主义",非日常生活的意义世界不断弱化,甚至丧失了对人文、科学的爱好追求和探索精神,感性生活放纵,非日常生活被抛弃。商品在"流通的炼金炉"流转后,若没有实现转化为货币的"惊人的跳跃",商品也不再值得被"顶礼膜拜",进而会成为被抛弃的无用之物。商品拜物教演变成货币拜物教,人的生产进一步被遮蔽。物质生产被商品、货币和资本物化,陷入物化境地,人的主体性被消解,人与物的关系变成了"理性人""工具人"被物宰制奴役,非日常生活的理想价值追求被视为"无用之物"被抛诸脑后。

在资本主义生产中,资本增值生产目的要求无限占有工人剩余劳动,而人的需要是有限的,消费是有限的,这就导致生产与消费始终充满了矛盾和冲突,所以资本主义社会为刺激人们的购买欲望,赋消费物以符号价值,以幻象引导大众消费观。在今天,移动互联时代,流量成了变现工具,被当作突出消费物的符号,与算法机制"合谋"刺激大众购物欲望,通过不断呈现符号商品,引导大众传播和消费。消费不再是对使用价值的购买、使用、享有和消耗,而是消费这种物品承载的标签和符号意义,这势必导致过度消费,消费者"逻辑地从一个商品走向另一个商品"[①]。人从目的,

---

① [法]让·波德里亚:《消费社会》,刘成富、全志钢译,南京:南京大学出版社,2000年,第3页。

在这些虚假满足中被工具理性支配,消费品、资本、货币这些本该是载体的工具变成了目的,生活被高黏性符号消费掩盖,人的精神自由被收纳在资本逻辑的运作下,人的精神世界被"杂货铺"般的服务、商品界定的符号意义所侵蚀,置身于消费世界难以抽离。人们沉溺在日常生活中追求感官享受、物质享乐,希望在世俗化的生活中宣示日常经验、彰显感性自我。"每一个一盘散沙式的人都认为他自己不仅独特,而且是举世无双的。"[1]这种对自我过度物化的定义削弱了"类"生活的普遍性基础,在诉诸整体利益和他人生活的福祉问题上,"组团享乐"的人们多以"明哲保身"显示出实质的冷漠和原子化。资本成功了,而人及人的生活"失败"了。

第二节 以美好生活为旨归的日常生活构建内涵

批判生活中阻碍现代化发展的要素,实质是探索人的生存方式面对现代化进程变革的可能性。呼应第一章从马克思对资本主义现代生活批判给出的逻辑通路看,作为生活主体,需要处理好日常生活内部的三个维度的关系,即从处理好人与自然关系、人与社会关系和人与自身关系的维度,改变生活主体的存在状态,使之由自在和自发状态进入自为和自觉状态。

一、人与自然对象性关系维度:低碳生活与绿色消费

消费是经济增长的一个重要引擎,是激励生产的起点和经济活动的

---

[1] [法]列斐伏尔:《日常生活批判》第一卷,叶齐茂、倪晓晖译,北京:社会科学文献出版社,2017年,第141页。

终端，也反映了人们对美好生活的需求。根据商务部2021年发布的数据，2012至2020年，我国社会消费品零售总额从20.6万亿元增长到39.2万亿元。我国已经成为仅次于美国的全球第二大消费市场。从结构上看，消费规模、消费水平的持续扩大和提升，彰显出中国市场强大的内循环实力和消费动能，也反映出人们生活水平、生活品质的不断提升。

2021年中央经济工作会议指出在消费领域，增强全民节约意识，倡导简约适度、绿色低碳的生活方式，2022年党的二十大再次强调广泛形成绿色生产生活方式。随着工业化、城镇化加速推进，消费导致的居民生活碳排放和环境污染、资源浪费不断提升，如生活中汽车燃油排放等能源消费，以及生活中消费产品和服务造成的间接污染。党的十九届六中全会强调要协同推进人民富裕、国家强盛、美丽中国。美好生活的建构是系统有序的运行整体，从协同推进"美丽中国"的角度，需要民众在衣食住行等方面践行低碳消费，树立正确的消费观，培养绿色消费方式和生活方式。

绿色消费模式是资源节约型、环境友好型的消费模式，背后蕴含着绿色发展理念，处理的核心问题是人和自然的关系，生态和资本的关系。"学习马克思，就要学习和实践马克思主义关于人与自然关系的思想。"① 生态问题本质上是人与自然的关系问题，生态逻辑要上升为现代化的基础逻辑，这是生产生活的基础，生态价值是历史唯物主义的基础价值，自然与人组成的社会之间进行资源能量转换构成了人类生活的普遍景观，也是美好生活实现的必然前提。马克思所处的时代，人类驾驭自然的能力在不断提高，马克思指出，人类"征服"自然的同时，生态危机也终将显露。"人类中心主义"是人把自然置于纯然被动的"客体"地位，以"主人"姿态索取、掠夺、改造自然。在现代资本主义生产方式和消费主义的裹挟

---

① 习近平：《习近平谈治国理政》第3卷，北京：外文出版社，2020年，第74页。

下，以至达到与自然敌对、异化的地步，现实生态困境给人类追求实现的美好生活带来了极大的挑战。

过去粗放式的增长方式给生态环境带来的"后遗症"，在生活体验中尤为明显。"绿水青山"的自然条件作为生活资料，在生活方式的变革中、在创造"金山银山"过程中发挥的作用越来越大，美好生活实践日益重视自然环境对生活的影响程度越来越成为集体性共识。合理地开发与利用自然，展现人化自然的美丽，是新时代人民群众美好生活实现的重要组成部分。我们要建设的现代化需要优质生态产品、优美生态环境作为载体。在实践中，只有将人与自然是命运共同体的理念贯彻到当代中国日常消费生活中，才能既促进中国经济社会的内生性发展，又实现人民对美好生活的需要。

绿色是对美好生活追求的重要体现，在经济模式上，加快形成绿色发展方式，调整经济结构和能源结构，培养壮大节能环保产业、清洁生产产业、清洁能源产业，推进达标排放，扎实做好碳达峰、碳中和各项工作。绿色发展，是关涉生活方式、生产方式的变革。实现这样的变革，必须依靠制度和法治，形成一整套与人民群众对宜居生态环境向往相适应的制度体系。

倡导简约适度、绿色低碳生活方式，推动形成内需扩大和生态环境改善的良性循环，还意味着理性消费。随着消费升级，消费需求和消费结构正在发生深刻改变。延伸出绿色发展的事业是一场接力跑，消费理念也应由从无限度的夸饰消费、炫耀消费，向满足自身生理需要和心理需要的生活方式转变；从附庸、趋同、攀比消费向回归生存理性转变；由重物质消费向满足精神需求与物质需求相结合的生活方式转变。包容多元消费观，但反对盲目消费行为和被消费主义裹挟，在消费升级的大趋势中，用更高品质的消费，享有和创造更加美好的生活。

二、人与人的社会交往维度：现实交往与网络交往

社会关系和人际关系也在市场规律的统治之下，市场经济强调竞争，竞争促进了生产力的发展，增进了物质财富，改善了物质生活，但同时，为了生存，为了生活，社会各阶级之间以及同一阶级的不同阶层社会成员之间的竞争意识，加剧了人与人之间的关系紧张。恩格斯在《英国工人阶级状况》"竞争"篇中指出工人之间、资产者之间都存在竞争，尤其工人彼此间为了占有生存位置而挤掉其他人的竞争，是"资产阶级对付无产阶级的最有力的武器"，"竞争最充分地反映了流行在现代市民社会中一切人反对一切人的战争"。① 竞争中强势一方的成功，伴随着弱势一方的失败，随着强势一方占有的资本、资源的优越权力扩大，富者愈富，穷者愈穷。为了实现各自经济利益，竞争双方的关系愈加冷漠、漠视、疏远、敌对，甚至是把人作为实现目标的手段，加以工具化的利用，个人处境是焦虑、不安、孤立的。

人不是抽象孤立的精神实体，人是社会性的、现实的、历史的关系中的人，"凡一切实存的事物都存在于关系中，而这种关系乃是每一实存的真正性质"②。交往是人的本质性的活动方式和存在方式，对历史发展的推动作用非常突出，"生产力与交往形式的关系就是交往形式与个人的行动或活动的关系"③，二者构成了社会矛盾的根源。从交往形式看可分为日常交往和非日常交往。

日常交往是人的自在的活动方式，从交往内容看首先是物质生活层面的，马克思认为物质交往起基础性作用，如获取物质生活资料以满足生

---

① 《马克思恩格斯全集》第2卷，北京：人民出版社，2005年，第359页。
② [德]黑格尔：《小逻辑》，贺麟译，北京：商务印书馆，1996年，第281页。
③ 《马克思恩格斯选集》第1卷，北京：人民出版社，1995年，第123页。

存需要;然后是人际情感性交往,这是出于情感层面的需要。人只有通过日常交往,才能建立人际关系,形成群体和社会,才能通过交换流通从事再生产。通过日常交往,原子性的个体存在才建立起各类关系,在"生活之网"上实现自身和社会发展,"各个人在自己的联合中并通过这种联合获得自己的自由"。

如果说日常交往是自在的,那么非日常交往是自为的,表现为在宏观性的社会领域,为运转社会再生产或类的再生产,围绕政治、经济生活和科学、艺术等创造性活动,人们进行的自觉、自为互动及产生的相互作用[1]。本节此处着重探讨日常交往,因为在非日常交往取向下,交互主体性往往更工具化、理性化,在"为何如此"的反思性问题导向下,必须完成的"社会任务",明晰化的规则规范调节下容易形成程式化、形式化关系。日常交往则更加随意、自然,私人领域更易展现情感的维度,易生成"亲人般"的亲密感,良好的日常交往,能够促进人的关系效能感,在交往意愿上会形成链式反应,进而更愿意进入与非日常生活的连接,不同于外部强制的机械的联合,而是会自发拓展到对科学、艺术、人文等非日常生活的兴趣和探索意愿,形成一种人与人、人与世界的互动互通行动体系,这样随着交往范围、交往体验、交往层次的深化,更能建构彰显美好价值的社会交往生态。

美好生活指向下的日常交往意味着要将人从人的依赖和从物的依赖的束缚中解放出来。从日常交往的历史轨迹看,大致经历了四类社会经济形态,从原始社会到农业社会、工业社会再到信息社会。早期人类在为生存的交往中,婚姻家庭制度作为交往媒介,规范了日常交往。原始社会时期,交往通常是建立在血缘和亲属基础上集体性质的交往。因社会地位和两性分工的差异性,个人之间依附于家庭之内的日常交往必然地带

---

[1] 王晓东:《日常交往与非日常交往》,北京:人民出版社,2005年,第55页。

有依附性质。从交往主体地位看,这阶段的个人不具有完全独立的地位。生产力的不发达,氏族制度和社会结构决定了交往方式,个性化的交往方式是依附于或掩映在统一的氏族部落交往之下的,依附的或奴役的交往关系也就意味着不存在真正独立的交往个体。

独立型交往主体形成的前提是个体自我确认。人发展到较成熟阶段才能形成独立自我意识。社会生产力发展,让个人所有制与财产概念出现以及继承习俗沿袭。财产观念发端推动了个体意识确立和社会意识增长,促进了独立型交往主体的出现。财产占有关系发展,文明形态变迁,近代社会由血缘和姻亲为基础进行交往转变为以财产和地域为基础进行交往,或言之,近代社会在物质生产活动基础之上的交往由家庭走向社会,公共领域与私人领域融合,私人自律不再能支配社会,制度化的秩序让私人风险得到公共保障,也让交往关系具有稳定的结构,交往活动日益独立化。

在"全部历史的真正发源地和舞台"(马克思语)的市民社会阶段,资本主义大工业和大机器生产推动了科技发展,进而引起了生产力和生产方式变革,交往形态随着世界历史的形成突破地域的限制,日趋多样复杂,交往主体除了阶级的个人和集团外,还有国家、民族等各类共同体。日常人际交往关系受到生产关系的深刻影响,日常人际交往核心规则主要是生产关系的延伸,分工和交换把人们联结在一起,资本主义私人占有制下,形成了一个以物的依赖关系为中介的交往形态,物质生产已经扩张到全球,"理性的颠倒"在资本增殖最大化的商品制度下表现得更隐蔽,在对世俗"商品"的"物恋"中,资本拜物教这种资本主义社会特有的抽象主宰了整个全球化生产过程。物化关系普遍制约着人的个性,人的社会关系必须通过物的关系才能体现出来,全球化的主体不是人,而是资本,人与人之间的交往呈现异化的、与人对立的统治力量,人在全球范围内受到资本的奴役,遮蔽了生活的根本意义。

随着网络计算机的发展,人类进入了以知识经济为主要特征的信息社会,网络的应用根本上改变了交往媒介和中介,社会交往表现为多元化、虚拟化,社会交往关系日趋丰富,世界整体性空前加强,交往活动呈现全球化特点。

美好生活最终追求的交往关系,是个人摆脱了人的依赖和物的依赖而实现自由而全面发展的交往关系,交往是实现自身存在方式变革和实践水平提升的重要力量。以网络交往异化、"云交往"异化的日常呈现及克服为例,根据2021年《中国互联网发展报告》发布的数据,截至2020年底,中国互联网普及率达到70.4%,网民规模达9.89亿人。在网络媒介和社交资讯弥散遍布的现代生活中,媒介呈现广泛、轻量、碎片等典型特征。交往技术手段的革新下,"云"人际交往改变着日常生活。在现代化的进程中,既有的社会形式或解体或变革,传统人际纽带"家庭""邻里""社区"之外,互联网技术带来了高效的交往方式和传播媒介,让原子化的个体能超越时空,构成极为广泛、具有鲜明异质性的社会网络。用户个体在其自身所处的网络,如在网游、直播、网购、共同爱好小组中,生出人际羁绊,视网络载体为其生活的意义之所在。并由关系所编织的网络,因其虚拟性使得个体裂变成多个身份(多种角色扮演)存在于日常生活中,重构了用户的日常生活。用户个体针对不同面向所投入的精力不同,影响体现在作息规律、业余活动、生活习惯等方面。

网络交往异化是指人在日常生活中过度依赖和沉迷于互联网各种交往形式,网络这个客体与主体的人相对立,并且成为主体的异己力量反过来支配主体。如虚拟世界中交往的虚拟性和匿名性"摆脱"了现实世界的制约和束缚,增强了人们的表达欲望,但这可能会使人缺乏责任与担当,群体间无意识的情感往往成为劣质信息的温床,易受到各种煽动言论的影响,镶嵌在认知系统里的选择偏好,面对屏幕易情绪化和片面化,而忽视他人的感受。再如网络上纷繁庞杂的垃圾信息和大数据下的定向推送导致的关注点窄化,会影响人们的辨别能力,迷失在碎片化的信息中;强化了对网络技术的崇拜,"无神论者造神",迷信技术,鼓吹科技万能论,导致网络的工具属性被不断强化。

消除网络交往异化现象的对策包括,一是增强人在网络交往中的主体性。网络是交往的媒介、交往的手段,当前中国社会政治经济和日常生活都大规模需要网络化手段进行交往、实践,交往是目的,网络作为媒介是服务性的,交往技术的运用应在合理的限度内,过分偏重技术化,会导致高度依赖交往媒介,应回归到人在网络交往中的主体地位,扭转技术中心主义舍本求末的理论错误和对交往主体的僭越。二是规范网络交往环境。随着技术发展不断更新完善网络法律体系,通过制度性的强制约束,保障良好的网络交往实践秩序,推动网络交往正常发展。总之,技术不能代替日常生活的本真状态和真实生活的经验体验,现实交往的丰富性、确定性、规范性是网络交往所不具备的,网络交往应是现实日常生活交往的必要补充和延续。

三、人与自身的关系维度:日常观念活动与生活审美化

本章第一节已论述了日常观念作为最普遍的思维活动,自在自发地指导着我们的生活实践,它与非日常思维相互渗透、相互作用、协调发展。基于前文论述了日常思维的现代化第一个层面,即对传统思维僵化的、保守的、束缚的部分的更新和超越,此处重点论述日常思维现代化的第二个层面,即对传统思维创造性继承和时代性转化,以及对现代性消极、异化、破碎部分的扬弃。

随着经济和物质文明的发展,在个体的和人类的实践——精神进化过程中,人们在观念习俗、精神娱乐上,也正在经历一场深刻的变革,如商品经济、技术理性、科技强劲发展势头,打破了自在的、封闭的日常生活世

界,让科技等非日常思维以新反思、新批判、新观念,改变着日常生活视野,现代人日常思维方式更多探寻"为什么",而不仅仅停留在"是什么",其中蕴含的自我意识与传统日常思维图式是迥然不同的。

第一,在精神观念领域,需要更充分地与现代接轨。美好生活指向的日常观念活动意味着人能够从思想的束缚中解放出来,"跟他旧日的生活与观念世界决裂"①,成为自身的主人。特定观念一旦生成,往往表现为知识、规则、信仰等,会调节个体的活动,成为其遵循的依托,构成意义和价值层面的生活世界,这决定着人如何理解历史、如何传承文化。

精神观念的符号化体系由文化所维系,文化所代表的超越的维度,不断塑造、更新、重建着所处民族国家共同体的习俗、心理、道德、审美,制约或驱动着社会活动的行动方式,将直接影响着社会生活的走向,所以观念、文化的渗透性、内在性直接影响着现代性的基本特征。以西方观念标准审度或妄加评论中国人文观念,是脱离时空限制等要素背离唯物史观的,这是文化不自觉的表现,会导致精神失重漂萍无根,最终可能会丧失自身的文化主体性,走向中华文化的历史虚无主义。

中华文化源流上尚和合、求大同,仁民爱物、谦恭礼让、顾全大局,显示出极强的连续性、包容性和多样性。传统思想肯定生活世界的存在价值,培育了人间化的看重现世人生情理交融的文化性格,不同于西方批判性思维重思辨的文化路径,传统文化思维模式上重了悟,倾向于以修正、增补、改良的方法提供精神资源。在历史的生产活动与社会实践中,总结出了一系列的秩序精神、规范体系、仁义价值、审美取向,有着敬德保民、大礼与天地同节、以德配天的人文传统,这些对传统价值的创造性继承和时代性转化理解汇聚成当代生活中具有强大生命力和凝聚力的思想观念

---

① [德]黑格尔:《精神现象学》上卷,贺麟、王玖兴译,北京:商务印书馆,1979年,第7—8页。

基础。如"节用有度""万物静观皆自得,四时佳兴与人同"的传统观念,蕴含着成己成物的习近平生态文明思想,承继其仁者襟怀可以帮助反思商品经济带来的消费主义、功利主义对观念价值体系的侵蚀。

新冠疫情发生以后,全球各国人们的日常生活受到了深刻和全面的影响,诸如与惯常高速运转的现代生活节奏脱节;直面生命可贵;传统生活方式之外,线上办公、网课、网络业务、云上消费也让生活再次忙碌,在技术与资本的双重加持之下,更需要我们保持自省。升级生活理念的时机或已到来。"哲学家们更加关心的是,在这场疫情之后人们会如何生活,人类社会又会以何种方式存在。"[1]学者们对日常生活的哲学思考,强调了不能仅仅依靠技术引导生活,而是要重新重视主体间性、移情、生活世界等命题,疫情没有发生时,正常的日常生活或许显得无聊琐细,无道德意义,但疫情发生后,日常生活滋养、孕育着诸如友谊、家庭、社会参与等重要价值观念。世界哲学大会主席、波士顿学院哲学系主任德莫特·莫兰认为,疫情让加缪《鼠疫》中的情景再现,疫情限制了人们通过正常途径交往,这让我们重新关注到生活世界是重要哲学命题,"我们彼此之间进行具身性(embodiment)互动的能力以及能够直接感受到彼此的情感反应,而不仅仅是通过技术来介导"[2]。他认为不同文化习俗和信仰,对待疫情病毒的反映有着明显差异,这是因为文化深植于日常生活中,要重视塑造社会的文化和历史、日常生活作用,要注意当地的文化条件,重视观念差异。

观念的交流、交锋、交融下的价值碰撞和取舍是一个文明国家现代化进程中必然面临的选择。习近平强调:"交流互鉴是文明发展的本质要

---

[1] 江怡:《个体、社会、未来——西方哲学家论新冠疫情的影响》,《哲学分析》2020年第6期。
[2] 德莫特·莫兰:《疫情限制让人渴望拥抱,日常生活"万岁"》,张俊国译,《文汇报》2020年4月20日。

求。"①从方法论上来讲就是,要坚持马克思主义立场、观点、方法,把握好共性和个性、具体和抽象、一般和个别的关系。以我为主、为我所用,"各美其美,美人之美,美美与共"。

"经济建设、政治建设、文化建设、社会建设、生态文明建设"的"五位一体"现代化强国总体布局,体现了现代化进程的历史展开,以及对现代化的理解。由于发展的不平衡不充分的特点,现代化的各领域进程中也会出现不对称、不同步的现象,不同地区或同一地区不同群体之间会有着形态层次差异巨大的精神生活。美好生活建设的展开是民众不断解决日常生活问题,不断向上向善向美前进的过程,深层逻辑是日常思维从传统观念的禁锢、现代工具理性思维的弊端中自我解放、自我提高,对自身思想观念自我超越的过程,如克服重群体轻个体、做事强调一刀切的唯伦理性思维模式,摆脱封建、等级、依赖、盲从等观念束缚,摆脱传统日常思维中狭隘性、非创造性的负面效应,弘扬改革创新的时代精神,使生活主体的内在精神得到提升。

第二,美好生活的"美"就主观层面的内在性而言,需要有能体验、感知美好的主观能力。美好体验既是从美学角度意义上而言的,也是从观念思维而言的。日常生活思维与非日常生活思维体验到的不同的生活感受、理念等,是实现美的中介,人们可以在日常生活的微观处以感性去感受"在家"的原始之态,获得安全感、自足感,在非日常生活的科学、人文生活中通过知识探索体验抽象和理性之美,观念往来穿梭于现实生活与意义生活中,生成对美好生活的信念感和意义感。美,存在于生活,产生于审美活动中,感受到"美好"的日常生活或非日常生活,对生活有审美观照,已经是美好生活的一部分。在生活中获得恰适、愉悦、满足的审美体验,在美好生活构建中发挥的是基础性思维观念作用。

---

① 习近平:《习近平谈治国理政》第3卷,外文出版社,2020年,第469页。

第三节　人类文明新形态视域下的
　　　　生活品质提升

党的"第三个历史决议"指出："坚持和发展中国特色社会主义,推动物质文明、政治文明、精神文明、社会文明、生态文明协调发展,创造了中国式现代化新道路,创造了人类文明新形态。"[①]现阶段我国社会主要矛盾是人民日益增长的美好生活需要和不平衡不充分的发展之间的矛盾,党的二十大报告指出"紧紧围绕这个社会主要矛盾推进各项工作,不断丰富和发展人类文明新形态"。美好生活的推进是与人类文明新形态伴生的成就,美好生活对应的生活品质提升应在人类文明发展的新路径下进行。

伴随着工业革命、科技革命的发生推动,社会形态在历史发展中更迭进步,资本主义取代封建主义确立,资本主义现代性思想萌发出场,人的存在方式随之转变,由对人的依赖关系转向对物的依赖关系,人的生活方式进化为与资本主义现代化所匹配的现代生活。但资本主义的生产方式和政治制度存在不可调和的社会矛盾,恩格斯在《自然辩证法》中指出把动物界的生活规律搬到人类社会中是不行的,人从事生产,在自然界中制造最广义的生活资料,人的需要包括对生活资料、享受资料和发展资料的需求,在资本主义生产方式下,生活资料和生产资料的资本属性,让生产者与需求的资料被人为地隔离开来,"阻碍着生产的物的杠杆和人的杠杆的结合……不允许工人劳动和生活"[②]。

按照马克思划分的社会形态五阶段,社会主义作为更先进、更进步的社会形态在资本主义之后发展确立,这是由人对物的依赖关系向人的自由发展的进化阶段,这一社会形态下的"现代人"应该有与社会主义现代化相

[①]《中共中央关于党的百年奋斗重大成就和历史经验的决议》,《人民日报》2021年11月17日,第1版。

[②]《马克思恩格斯文集》第9卷,北京:人民出版社,2009年,第294页。

匹配的现代化生活观念和生活方式,扩大化的生活矛盾,需要社会主义文明新形态下的生活方式历史变革来弥合。美好生活折射的是中国特色社会主义这个特定历史形态中生活的人们,对社会各方面发展价值诉求的表达,对中国式现代化发展路径下的生活憧憬,呈现的是新形态文明的探索。

文明不是独立的外观,马克思恩格斯指出:"我们的出发点是从事实际活动的人,而且从他们的现实生活过程中还可以描绘出这一生活过程在意识形态上的反射和反响的发展。"文明有其时代属性和价值立场,要深入生活图景中把握其范畴。不同文明形态对应着不同的生活、生产方式,宏观层面,中国特色社会主义的新道路生成文明新样态;微观层面,新文明形态以具体、微观、历史的方式体现在生活方式的嬗变中。

人类文明新形态是物质文明、政治文明、精神文明、社会文明、生态文明"五位一体"整体推进、协调发展的文明形态,是创造美好生活的文明形态。党的二十大报告指出要"提高人民生活品质",生活品质的提升是美好生活应有之义乃至核心要义。在社会主义文明下生活方式的变化既是生产方式变化、文明发展的结果,也是社会功能关系能动性发挥、相对独立的结果,生活方式的现代化、生活品质的提升对新文明形态的发展和完善更带有根本的性质。

一、人类文明新形态视域下物质维度生活需求演进新特征

第一,多样化与个性化。在经济实力跃升、人均国内生产总值迈上新台阶,"从2012年的39 800元增加到2021年的81 000元"①的背景下,在"量的增长"的物质基础上,居民消费对"质的提升"的需求凸显。物质

---

① 习近平:《在中国共产党第二十次全国代表大会上的报告》,《中华人民共和国国务院公报》2022年第30号。

消费需求由日常生活必须参与的必要性消费,如满足吃、用等基本生活需求的简单物质性消费,向选择性和社交性消费扩展。所谓选择性物质消费是指注重消费空间、场所的环境品质、舒适度及消费体验,物品的使用价值消费并非主要目的,而是更看重商品的符号意义,同时伴有娱乐休闲等活动。社交性消费指通过消费方式和对消费物品的喜好、趣味、品位划定归属的群体而进行的社会交往活动,核心目的是通过消费中所产生的交往活动,实现自我价值的认同,如和好友亲朋去饭馆吃饭、去KTV唱歌、盲盒消费、剧本杀等,强调消费的领域感,注重消费活动背后的地位象征,是各种物品消费活动组织起来的交往活动。从必要性消费向选择性消费和社交性消费的扩展,反映的是物质维度的生活需要从生存型向享受型和发展型需求迈进。

第二,品质化与复合化。人的需要基于物质生活,物质生活的贫困是威胁生存的主要因素之一,我国曾是绝对贫困人口最多的国家之一,贫穷不是社会主义,消除贫困,改善民生,实现共同富裕是社会主义的本质要求,人的需要发展于物质生产与生活,美好生活是物质生产与生活发展的产物。在"站起来"的基础上"富起来""强起来",是坚持发展和巩固中国特色社会主义的必要条件,也是中国特色社会主义道路开辟的经济现代化进程取得的重大成就,在这一进程中,人均可支配收入迈上新台阶,中等收入群体比重提高,居民的消费水平和消费形态实现了由贫困到全面小康的跨越,民众的物质生活消费需求已超出温饱范畴,要求水准在不断迭代升级,更注重品质和品位。

第三,对生产模式和分配模式的正义性需求。在资本主义生产方式下,生活资料和生产资料的资本属性,"以致社会不再能够消耗掉所生产出来的生活资料、享受资料和发展资料"①。人类文明新形态要破解资本

---

① 《马克思恩格斯文集》第9卷,北京:人民出版社,2009年,第548页。

主义生产方式和经济制度下的人的生存困境,人类文明新形态的变化涵盖着生产方式、生活方式和思维方式的变革。人类文明新形态下美好生活,是在社会主义先进生产力充分发展、高水平社会主义市场经济体制构建基础上的高品质生活。从现阶段看,以人类文明新形态下美好生活的需要指导物质生产与生活,才能更好反映和实现经济的高质量发展。经济增长转化为国民福祉即幸福感和获得感、安全感提升后才具备实质意义,现代化的物质基础,是现代化物质文明的要件,也是美好生活的物质条件,落实在生活上即强调物质生活品质。这种对物质生活品质的追求,最能体现中国特色社会主义本质要求的是对共同富裕的促进,共同富裕是中国特色社会主义市场经济所规定的"制度性偏好",这种对物质富足的关切,彰显了对共享生产成果,对生产模式和产品分配方式正义性发展的观照,是对资本主义文明形态的超越。

二、人类文明新形态视域下政治维度生活需求演进新方向

第一,政治诉求和政治愿望有着更民主的需求。资本主义文明形态下,资产阶级在反对封建专制、取缔封建特权、争取民主方面是值得称道的,但资产阶级的阶级本质决定其民主是资产阶级维护其统治的工具,资本主义民主并没有完全实现人的经济和社会解放,没有完全实现社会成员经济和社会权利的平等,在实现人的政治权利平等和政治解放方面也存在着很大局限性,是残缺不全的政治形态,它所作的改良,只不过是用金钱特权代替了个人特权和世袭特权,如党派利益凌驾于国家利益,权势集团特殊利益高于人民利益,是在私人资本基础之上的金钱民主。

民主是政治文明的精髓,"没有民主,就不可能有社会主义"[1],民主

---

[1]《列宁选集》第二卷,北京:人民出版社,2012年,第782页。

也是社会主义核心价值观之一。现代化不仅包括工业化、城市化,还意味着政治民主化,人民民主是实现社会主义现代化的政治前提、内在要求和重要力量。社会主义民主建立在以生产资料公有制为主体的经济基础之上,国家一切权力属于人民,形式和实质是一致的,人民当家作主有着实质性内涵。

人民对美好生活政治维度的民主诉求包含以下方面:在形式上,人民有着通过选举、投票行使权利和人民内部各方面在重大决策之前进行充分协商,尽可能就共同性问题取得一致意见的需求;在领域上,群众有着拓宽参与途径、畅通诉求表达渠道的需求,需要更多样、更畅通、更有序的民主渠道;在环节上,群众对民主选举、民主协商、民主决策、民主管理、民主监督有着更完备实现条件的需求;在实际效果上,人民渴求体现民主流程的过程民主与体现民主成效的成果民主相统一,渴求体现民主制度安排的程序民主与体现民主价值追求的实质民主相统一,渴求体现民主政治实现形式的直接民主和间接民主相统一,渴求体现人民意志的人民民主和真正反映人民意志的国家意志相统一。

只有大力发扬人民民主,才能充分调动广大人民群众的首创精神,人类文明新形态下中国式现代化政治文明,在社会主义民主政治的实践探索中,全过程人民民主以创新的民主发展道路、民主理论范式和民主话语体系,回应人民对美好生活政治维度的民主诉求。

全过程人民民主丰富和发展了中国特色社会主义政治文明的内涵,在民主参与形式上不断创新,渠道不断拓展,民主恳谈会、听证会、网络议政、远程协商、"小院议事厅""板凳民主""立法直通车"等基层民主形式和实践不断涌现,从衣食住行、看病上学到社区管理、社会治理,再到大政方针、发展规划,人民的意见建议都可以通过民主渠道表达出来。不断推进的制度程序和参与实践,使全过程人民民主从价值理念成为扎根中国大地的制度形态、治理机制和人民的生活方式,民主实践正在融入人们的日常工作和生产生活。

第二，以更坚实的法治基石保障日常生活的需求。法治是人类文明进步的重要标志，"法令行则国治，法令弛则国乱"，法治昌明国泰民安，法治松弛国乱民怨。现代化进程中，法治与生活之间关系更加密切，法治能够对生活中的各种关系予以确认、规范、保护和调整，日常生活的尊严、计划自己生活的权利、基本自由、财富保障，都离不开良法善治的保障。在法治框架内和法治轨道上活动，有利于社会公平正义的实现，进而稳定全社会对生活的预期，增强对生活保障的信心。

中国式法治现代化打破了西方法治现代化的中心主义神话，创造了法治现代化新样态，在整体布局上，坚持法治和经济、政治、文化、社会等各领域的现代化统筹谋划，这不同于西方法治过分强调法治的独立性、自治性、形式性，避免了法治现代化的理论实践与其他方面现代化相割裂、脱节、抵牾的问题，对人类法治文明发展的规律性认识达到新的历史高度。中国式法治现代化的任务图景是建设中国特色社会主义法治体系，构建人类法治文明新形态，在法治轨道上推进和保障美好生活。

法治建设水平的提升离不开良法善治，从"良法"的层面看：亚里士多德在《政治学》中认为"有好的法律才有好的秩序"，用明确的法律规范来调节社会生活，是制度之治最基本最稳定最可靠的保障。中国特色社会主义法律体系形成之后，基本解决了法律"有没有"的问题，需要更加关注法治质量"高不高"的问题。如2020年民法典的颁布，关系到人民群众的日常生活，所规范的社会关系涉及生活的方方面面，具有全局性、基础性作用，是"社会生活的百科全书"，它的实施为人民美好生活提供有力的法治保障。民法典对物权保护如"物权编""合同编""侵权责任编"等做了具体的规定，这对完善现代产权保护制度体系有重要作用，还有关于人格权、婚姻家庭、继承等问题的解决，直接关系到生活的幸福指数，是不断满足人民美好生活需要的内在需求。

从"善治"层面看:"人民幸福生活是最大的人权"①,幸福生活需借助法治才能有更坚实保障。作为治国理政的基本方略,全面依法治国是国家治理的一场深刻革命,法律的有效实施,是全面依法治国的重点和难点,法律的生命力和法律的权威都在于实施,随着现代化实践的发展,人民生活对法治的要求越来越高,在新发展阶段,高效的法治实施是真正实现"人民生活更加美好"等远景目标,解决我国社会发展中的矛盾和问题的现实考量,如长春长生疫苗造假案、祁连山国家级自然保护区生态环境破坏等矛盾和问题反映了要加快形成高效的法治实施体系,做到科学立法、严格执法、公正司法、全民守法,确保法律全面有效地得以落实,以保障现代化社会生活在深刻变革中既生机勃勃又井然有序。

三、人类文明新形态视域下精神维度生活需求演进新指向

人类文明新形态下的中国现代化生活,是内蕴着中华传统文化、革命文化、社会主义文化基因的生活方式,落实在具体生活实践中,表现为以人民为中心的发展思想为导向,美好生活是对现代化生活价值诉求的话语表达,推进高品质的美好生活,必然有着社会主义文明展开现代生活的特殊规定性。

第一,摆脱物化困境下造成的精神危机的需求。资本主义生产方式下,单一追逐资产阶级利益最大化的价值目标取向,造成了现代化发展的异化,在资本逐利、利己、排他性的经济基础上,建立起的资本主义上层建筑,势必会构建保障资产阶级利益的政治制度和政治体系,这决定了资本主义文明过分强调自身物质文明和政治文明,而忽略精神文明等其他人

---

① 习近平:《坚持走符合国情的人权发展道路 促进人的全面发展》,《人民日报》2018年12月11日,第1版。

类文明的重要部分。对物质财富的过分追求,使物质文明居主流地位,精神文明退居次要位置,精神与物质的不协调发展导致工具理性的观念被贯彻到社会生活一切领域,造成人精神状况的普遍异化和"单向度的人"的物化。

"人,本质上就是文化的人,而不是'物化'的人;是能动的、全面的人,而不是僵化的、'单向度'的人"。① 人要摆脱"物化"的人,成为精神充实,追求生命意义的,能动的、全面的人,离不开物质文明与精神文明的相协调。中国式现代化道路上表现出的人类文明新样态,强调物质富足的同时,重视人们精神文化层面需求的提升和丰富发展,在对中国式现代化内涵认识上,强调物质文明与精神文明相协调,着力解决现代化发展中存在的精神贫乏和精神危机问题。精神贫乏不是社会主义,精神富有是社会主义现代化的根本要求。在体现社会主义制度优越性的共同富裕问题上,也兼顾精神方面,对共同富裕的认识,从物质领域的共同富裕进一步深化为精神生活领域也要共同富裕,这也是超越资本主义现代化的重要方面。

第二,文化资源供给的平衡性需求。文化发展是获得高品质精神生活的前提和保障,在高品质精神生活实现中,面对人民日益增长的文化需求,需深入把握精神生活的内在要求,丰富精神食粮,通过多样的传播方式来供给丰富的文化产品,以文化塑造现代化生活的根与魂;另一方面,文化的落脚点是增强人民精神力量,文化是人的创造,追求美好精神生活需要个体自觉,要通过加强群众文化创作能力以及文化享有能力的建设,从真正意义上增强人民精神力量。

第三,文化产业更充分发展的需求。多层次、多样化的精神生活需求,需要质优量丰的精神文化产品,打造文化高地,丰富人民精神文化生

---

① 习近平:《之江新语》,杭州:浙江人民出版社,2013年,第150页。

活的同时,不断为人民提供精神指引,文化产业是促进文化繁荣发展的有机平台,党的二十大报告中强调要"健全现代文化产业体系",不同于资本主义文化产业发展较典型的国家如美、英、日、韩把经济效益作为首要考量的做法,我国文化产业发展坚持把社会效益放在首位、社会效益和经济效益相统一,因此我们更需要高质量文化产品构建新时代中国文化符号,对社会主义核心价值观进行更为贴近日常生活的解读和阐释,展示其丰富内涵和超越性的精神实质,以更好地被民众所认同和接受。

党的二十大报告大指出要"繁荣发展文化事业和文化产业",文化产业是价值观的载体,价值观的吸引力、传播力、影响力需要靠文化产品来实现。不同文明下的文化价值观渗透到文化产业和文化商品中,我们也需要更充分、更成熟、传播力和影响力更广的文化产品作为载体捍卫社会主义精神文明的主导地位。要通过打造文化品牌,将社会主义先进文化、价值观和生活方式传播到世界各地,进而提升国际形象、价值观影响力和话语权。

四、人类文明新形态视域下社会维度生活需求演进新方面

党的二十大报告中指出"增进民生福祉,提高人民生活品质",所谓民生福祉即人民生活的获得感、幸福感和安全感,具体来说体现在以下四方面:

第一,完善分配制度的需求。初次分配中劳动报酬的比重,按要素分配体制机制的完善;再分配中税收、社保、转移支付的调节力度;三次分配中社会公益事业的公开透明,都将更利于处理好效率和公平关系,推动社会资源配置的公平公正,激发人们投入生产生活的意愿和积极性。

第二,高质量充分就业的需求。高质量就业能够增加收入,提升有效消费,是生活品质提升的支柱之一。就业岗位准入的平等性能够提供通过勤奋劳动实现自身发展的机会;破除妨碍劳动力流动的政策、体制弊

端,完善创业保障制度,推进终身职业技能培训,有利于解决结构性就业矛盾;健全劳动关系的协商机制,有利于加强劳动者权益保障,是实现劳动者体面劳动、舒心工作、提升生活品质的内在要求。

第三,建立公平统一、安全规范社会保障体系的需求。社保体系是社会运行和生活的安全网。养老保险、失业保险、工伤保险的覆盖面,医疗保险、医疗救助制度的有序衔接,健全的社会救助体系,直接关系到生活的安全感和幸福感。

第四,强调健康优先的健康中国战略,改善由个体到社会的健康生活环境的需求。从人口发展看,马克思主义认为"生活资料的生产"和"人自身的生产"是历史发展的两个决定性因素,伴随生育率下降的趋势,降低生育、养育、教育的成本,建立生育支持政策体系,是解除制约生育意愿因素的重要保障。

从人口老龄化的客观趋势看,在历史悠久的孝道文化的文明积淀下,推动"银发经济"老龄事业产业,以及发展高质量养老服务体系,是为老年幸福生活"加码"的重要课题。

从医药卫生体制改革看,健康治理是实现健康中国的前提,需要解决优质医疗资源的区域不均衡问题,需要医保、医疗、医药的协同发展和治理,通过健全公共卫生体系,提高基层防病治病和健康管理能力。

从文明健康生活方式的推进看,健康是提升生活品质乃至促进人的全面发展的必然要求,生活方式是维系个人健康的重要因素,不良生活方式威胁健康,文明健康生活方式更能提升自我幸福感。开展健康中国行动,提倡并推动文明健康生活方式的知行合一。

五、人类文明新形态视域下生态维度生活需求演进新特点

第一,兼顾"保护"与"发展",对生产发展、生态良好、生活富裕三者统

一的文明发展之路的需求。工业化进程中，以消耗自然资源为代价的"人类中心主义"发展模式，曾造成大量破坏生态环境的事件，以资本主义工业文明下人与自然关系为样板的"格式化"或说"观念强制"，会造成发展中国家在发展实践中人与自然关系的对立，以及生产与生活关系上的误区。

生态文明是工业文明发展到一定阶段的产物，美好生活需要"美丽家园""清洁美丽的世界"来承载，生态文明关乎永续发展，世界上没有绝对独立于外界环境获得生态安全的世外桃源，气候变化等非传统安全威胁持续蔓延，全球生态治理体系受到冲击。面临全球性挑战，中国把自身利益同各国共同利益结合起来，为解决工业文明带来的矛盾，顺应人类文明进程，以推动人与自然和谐共生的现代化为目标，尊重自然、顺应自然、保护自然，主动承担起推动人类生态文明变革进步的时代责任。以碳排放为例，据2021年发布的《中国应对气候变化的政策与行动》白皮书，2020年中国碳排放降幅超额完成既定气候行动目标，排放强度比2005年下降48.4%，累计少排放二氧化碳约58亿吨。世界银行公布的数据显示，从2005年开始，中国累计节能量占全球50%以上。

在人类文明新形态下，生态文明不仅仅简单等同于环境保护，而是涉及经济、政治、文化、社会等系列变革的"五位一体"新文明模式。绿水青山的自然世界，宜居宜业宜游，既是自然财富，又是社会财富、经济财富，依靠绿色科技，推行绿色生产，增值绿色产品，壮大绿色经济，这期间积累的财富资本，用于生态建设投入、生态休养生息、造林绿化工程、生态保护修复，这又将回馈、绵延自然世界的生机，进而实现自然世界与人文世界的相统一。

第二，共享自然之美、生命之美、生活之美的需求。山水在中国传统文化中是超越之地，绿水青山是生活最普惠的福祉。天人合一等中华文明思想，是看待人与自然关系的独特价值体系和文化内涵，这种在长期生产生活中积累的宇宙观是区别于其他文明的特征。"天地有大美而不言"

"草木生态具含情",中国传统生态意蕴的文化认为万事万物都有"生生之意",日常生活应观"天地生物气象",如星月、朝暮、流云、江潮、春草、池鱼,以达"天地同和"之大乐。自觉的宇宙生命意识,天地生化的壮景和审美化的节律,有着生活美学的智慧。

生态系统是一个系统整体,有机关联的生命共同体,建设健康宜居美丽家园,普遍地享有优美生态环境,需要各种生态环境要素之间的比例和空间关系得到恢复、维持、优化,人类才能在这个生命共同体的生生循环、绵延不息中葆有着生存发展的物质根基。

综上,美好生活的推进与人类文明新形态的演进二者相互影响、相互提升、相辅相成,是内在关联的逻辑统一体。人类文明新形态彰显中国式现代化进程中美好生活意蕴的基本面向,美好生活是与人类文明新形态相适应的生活方式,对美好生活各维度生活品质提升的需求推动人类文明新形态不断向前发展。

第四节 中国式现代化进程中的美好生活建构途径

新一轮科技革命和产业变革,深刻改变人类社会生产生活方式和思维方式,甚至是重构、重塑着生活样式,美好生活的新时代内涵必须定位在中国式现代化的实践布局和理论视野中,也就是中国特色社会主义道路的历史坐标中。美好生活的实现需要经由与社会主义文明新形态相对应的现代日常生活的变革。从日常生活的外部影响因素看,需要以"中国之制"和"中国之治"的现代化为人民追求美好生活提供制度保障,需要以社会主义核心价值观引领生活追求的价值方向,需要以劳动正义确保实践路径的"以人民为中心"。

一、美好生活的主体:"现实的人"的现代化

研究人类社会历史的发展,"现实的人"是前提,马克思恩格斯从感性世界"现实的人"去考察社会组织和历史进程,"而人们的存在就是他们的现实生活过程"①。具体的、历史的、生产的个人是生活中的"现实的人""活生生的人",生活过程是展现人的生存、成长、发展的重要部分。人与生活的辩证关系,反映的是人作为主体,如何通过日常生活的变革与发展实现自身的自由与发展,人的素质与发展水平影响着现代化的进程,现代化的美好生活只有最终体现为人的现代化,才不会成为被工具化发展为异己力量,这与马克思恩格斯认为物的发展(生活水平提高)不等于人的发展,由此主张消灭资本主义剥削制度,创造新的社会关系,扬弃异化的日常生活,把人的发展与物的发展统一起来,在社会主义制度下实现人的自由全面发展,是一致的。

国家现代化离不开人的现代化,人是历史活动的前提,人的发展是社会主义的本质要求。制度层面的现代化是通过创新人的发展的体制机制,保障人的发展权利;人与人交往关系的现代化,是健全人的社会关系;人自我的现代化,是转变人的思维、观念、行为。这些都是属人的,围绕与人的各维度关系开展。

西方现代化在一定程度上促进了人的发展,如资本追求剩余价值增殖,客观促进了劳动者提高劳动能力,随着物质生活水平提高,人的认知能力提升,进而推动了西方现代化。但同时"以物为本"的工具理性弊端,也在西方现代化过程中暴露出来,物的尺度被突出化,人的尺度被抽象化,人的现代化是不完全的,劳动者被视为生产工具,人成为物发展的代

---

① 《马克思恩格斯选集》第1卷,北京:人民出版社,1995年,第72页。

价,创造剩余价值时生产能力、劳动效率的现代化才被视为有价值,人的个性、主体性、价值被搁置一边。马克思指出了其中人和劳动片面发展的矛盾,"结果是,人(工人)只有在运用自己的动物机能——吃、喝、生殖,至多还有居住、修饰等等——的时候,才觉得自己在自由活动,而在运用人的机能时,觉得自己只不过是动物。动物的东西成为人的东西,而人的东西成为动物的东西"①。

中国式现代化与西方现代化的分野是"以人为中心"还是"以资本为中心",是"人的尺度"还是"物的尺度"。中国式现代化把满足人民日益增长的美好生活需要作为推进社会主义现代化的方向和任务,将人的价值内嵌到道路发展之中,本质上是"以人民为中心"的现代化。人是社会活动的承担者,是历史活动的前提。改善提高人民生活水平,不断实现人民对美好生活的向往,为人的发展创造条件,反映了"现实的人"的利益、诉求和愿望,确立了发展的出发点是"现实的人"。

美好生活首先需要以"物"的发展来体现,随着经济增长、社会进步,带来生活环境的改善、生活水平的提高,但初期的物质积累到了一定阶段,经济增长不能真正成为衡量生活质量的标志,也就是说"物"的增长累积不尽然等于"人"的发展。现实的人不能被纳入物的范畴,让人的生活方式和生产实践活动去遵守套用物的尺度,这是对人的工具理性化和抽象化,例如国民生产总值作为指标体系衡量社会进步程度和生活质量水平,单纯用金钱收入、能力报酬等物的尺度去衡量人的发展。

马克思主义批判物对人的统治,是关于"现实的人""多数人"全面发展和解放的学说,其科学性体现在马克思对"物的依赖"发展状态的批判,这也是马克思对西方现代性所造成的消极后果的反思,人的物化是现代性发展不可避免的阶段,因此,马克思在这个逻辑线索上提出人的全面发

---

① 《马克思恩格斯选集》第1卷,北京:人民出版社,1995年,第44页。

展,也就是在"物的现代化"面前,人要找回"主场",把失却的本质寻回,所以马克思提出的"人性的复归",人的现代化,正是对人的本质的重新占有、全面占有的过程。这种理论奠基也内化于中国共产党人的初心和使命之中。高举马克思主义旗帜为价值导向的中国共产党,以服务人民群众为宗旨,人的发展是中国特色社会主义现代化建设的重要战略任务,从培育"四有新人"到"德智体美劳"五育并举,本质上体现的是对人的素质发展的重视,对现实的人是历史的创造者、是生活的主体这一马克思主义基本原理的贯彻。

二、美好生活的精神性维度:社会主义核心价值观体系的认同

理性化是现代社会的核心特征之一,恩格斯在《社会主义从空想到科学的发展》中指出"一切都必须在理性的法庭面前为自己的存在作辩护或者放弃存在的权利"[①],曾经神圣化的价值观念体系如西方的基督教体系和中国传统的儒家体系,失却了统治地位,但同时现当代的马克思主义以及马克思主义中国化的理论成果,在加速现代化的中国也在"理性的法庭"被人们追问"为什么",这是意识形态工作必须重视和解决的现实背景,这意味着对社会主义的制度诉求和美好生活的价值基础的理解需要通过主流思想持续的宣传教育,让大众理解其权威性、有效性和价值作用,以不断统一思想、凝聚共识、"转识成质"内化为人们的自觉追求。

价值体系是价值认识和价值实践的总体,社会主义价值体系体现的是马克思确立的关于人的解放的价值遵循。社会主义核心价值体系由马克思主义指导思想、中国特色社会主义共同理想、以爱国主义为核心的民族精神和以改革创新为核心的时代精神、社会主义荣辱观几部分组成。

---

① 《马克思恩格斯选集》第 3 卷,北京:人民出版社,1995 年,第 719 页。

价值观是对于社会生活实践中价值现象的评价性认识，社会主义核心价值观是在社会主义核心价值体系基础上提炼出来的。

中国式现代化道路孕育了人类新文明，以这种文明的灵魂即社会主义核心价值观，尤其是社会主义核心价值观引导人们合规律地在日常生活中识别、感受、创造美好，在各种思潮、意识形态话语权交锋中，使社会主义价值体系占领主阵地，内化为人民自觉追求，这样对"美好生活"的认知和实践才不会失去正确的方向。

资本主义文明所带来的现代性弊端，在世界历史进程中让全人类面临挑战，社会主义现代化的文明形态需破解这个难题，否则西方文明衰败的消极冲击可能会使中国现代生活经受风险磨难。西方现代性建立在掠夺和剥削的基础上，资本为了追逐利润源源不断制造出"虚假需要"（马尔库塞语），人的低层次需要被大量复制，虽然在一定限度内，体现了世俗生活的感性欲求和追求，但超出一定限度，个性解放被压抑，高层次需求或与生活隔离、枯萎、扭曲而无法正常表达出来，生活的各种需求越来越不平衡，消费、占有被当成人生价值追求，感官放纵、耽溺享乐、虚无主义的价值观充斥在大众文化中。

中国式现代化道路就是在正视和解决这些矛盾中开辟自己的道路的。这种属于社会主义的文明新形态，不仅在经济层面构筑新发展理念、新发展格局，在政治层面上，全过程人民民主展现出对民主内涵和路径的拓展，有序实现人民当家作主；在社会层面上，动员群众、组织群众的社会组织有序发展，治理体系和服务体系功能优化；生态层面，生产发展、生态良好、生活富裕的人与自然和谐共生的关系构建改变了人与自然的敌对关系。"五位一体"追求的五大文明，已超越了西方现代化文明模式。

至关重要的是，正确的价值观培养离不开日常生活场域，社会主义核心价值观的培育路径离不开日常生活，我们要解决的是如何把这种新的文明追求的基本精神贯穿在日常生活中。首先是文化价值整合的挑战。

社会发展"每一阶段都包括一种不同的文化,并代表一种特定的生活方式"①。中国现代化道路蕴含着文化的变革,所需的文化资源不能流于形式和表层,需要与现实社会变革相容,需熔铸于文化深层,被人民大众吸收融化才能发挥其应有的社会功能。马克思主义中国化是"双结合",既与中国具体实际结合,也与中华优秀传统文化相结合。"第一个结合",意味着民族文化与外来文化的价值沟通和价值取舍。"第二个结合",意味着马克思主义所表征的科学社会主义价值体系与中华优秀传统文化的结合,这需要寻求两种性质不同的文化的协调之处。在现代化道路的发展变革转型中,新旧二元结构并存,传统与现代生活模式并存,人们的思维方式、心理结构、风俗习惯等文化取向上处于传统与现代并存的文化体系之中。文化观念、文化取向意味着精神生活的发展程度,价值观的内在要求体现着文化的核心,中国特色社会主义文化离不开社会主义核心价值观的滋养,强调社会主义核心价值观才能避免中国特色社会主义文化现代化陷入困境,才能避免文化主体定位不会迷失。在社会主义现代化进程中,要通过广泛的文化动员,找到接受者、传播者、社会实践者,这是马克思主义的普遍文化自觉和社会动员的过程。

第二,是文化价值系统的转换问题。现代化强国需要为经济现代化、政治现代化及社会秩序现代化提供文化价值资源,中国式现代化美好生活必然要求为改造"不美好生活""旧生活"而实现价值系统的转变。如自由、平等、公正、法治、诚信等与现代化商品经济、管理机制伴生的思想观念具有通约性,但同时传统自然经济下形成的特权思想、长官意志等法治观念淡薄的行为习惯仍有残余,"落后和不发达不仅仅是一堆能勾勒出社会经济图画的统计指数,也是一种心理状态"②。

---

① [美]路易斯·亨利·摩尔根:《古代社会》上,杨东莼、马雍、马巨译,北京:商务印书馆,1981年,第9页。
② [美]英格尔斯:《人的现代化》,殷陆君译,成都:四川人民出版社,1985年,第3页。

现代化的进程是文化变迁的动力,现代化意味着政治、经济、社会等要素的综合变动,相应的其中所蕴含的社会文化如伦理道德、习俗传统,政治文化,经济文化中的思想观念和价值体系及表征的行为模式,都会发生相应变迁。由"前现代化"到现代化的文化价值系统的转换和现代化文化构建,意味着马克思主义的理想追求要从执政党初心使命层面落实到社会现实生活实践之中。

党的十九届四中全会确立了要坚持马克思主义在意识形态领域指导地位的根本制度,政治文化明显增强,文化建设的正确方向得以普遍确立。政治文化主体的总体性变迁和文化自觉,是中国共产党领导中国人民建设中国式现代化方向上的重要进步。政治文化能够引领整个文化的前进,但也要看到文化的其他组成部分,社会文化、经济文化受制于生活模式、生产方式,可能并不能达到与政治文化同步前进,如社会文化所彰显的风俗习惯,经济文化所展现的小市民意识、小农意识等,在滞后的生活模式的阻碍下,反而会影响社会文化、经济文化的先进性,进而影响政治文化的健全性。"如果一个国家的人民缺乏一种能赋予这些制度以真实生命力的广泛的现代心理基础,如果执行和运用着这些现代制度的人,自身还没有从心理、思想、态度和行为方式上都经历一个向现代化的转变,失败和畸形发展的悲剧结局是不可避免的。"[1]

在马克思主义唯物史观看来,市场经济打破了血缘依附纽带的自然局限性,是文化发展的不可或缺的基础。伴随改革开放中经济体制改革的深化,中国传统赖以生存的宗族、血缘人身依附关系被打破,现代权利关系、个体主体意识被激活,职业观发生变化,"农本位""官本位"意识逐渐淡化,商品观念、商品意识成为现实必须。市场机制背后的公平分配观念、契约观念、自主诚信观念、法治观念成为新的文化共识,中国特色社会

---

[1] [美]英格尔斯:《人的现代化》,殷陆君译,成都:四川人民出版社,1985年,第4页。

主义市场经济的发展助推了文化的深层变迁。但同时,社会结构随着商品经济发展的变革,也带来生活模式和价值观念的巨大变迁,重商轻农、重利轻义成为新的观念禁锢和束缚,同时从市场经济的运作机制来看,消费导向是商品经济的运作模式,消费关系着商品再生产和经济再发展,消费观具有社会经济意义,过分节俭拒绝消费不利于刺激商品再生产,但走向另一个极端的享乐主义消费观会对诚实劳动、尊重劳动的传统职业伦理观形成巨大破坏。因此,中国特色社会主义文化对市场经济的局限性部分来说也是一种制衡。

第三,主体文化与文化主体的内在统一。中国特色社会主义新时代,主体文化是马克思主义为灵魂的中国特色社会主义文化,文化主体不是少数人,而是人民大众的事业。

1. 要提升历史承续的解释力。这需要在全社会普遍开展以"四史"为主要内容的唯物史观学习。新中国史、社会主义史、改革开放史、党史,提供了宝贵的思想资源和强大的文化资源,能够让群众了解社会发展规律、马克思主义基本原理,从而认识到中国式现代化优于西方现代化的现实意义和社会主义取代资本主义的必然性。

2. 做好优秀传统文化的现代价值承续。文化积淀、历史传统不同国家民族各有自身传承,发展道路必然会有自身国情特色,传统是过去也是当下,还指向未来,是三者并置的融合文化状态。可以从中华传统文化的现代价值继承入手,宣传阐释中国特色。传统是日常生活不可或缺的重要元素与精神保障,中华优秀传统文化是一种活的力量,积淀着民族底蕴的精神追求,其现代价值的转化和承继将释放出突出的文化软实力优势。

文化是生活的样法,人生问题根植于"文化传统和日常生活方式"[①],中华优秀传统文化作为文化根基,是处理价值观问题的现实起点,"是中

---

① 顾红亮:《儒家生活世界》,上海人民出版社,2016年,第15页。

华民族的根和魂,是我们在世界文化激荡中站稳脚跟的根基"①,有价值的文化遗产将有助于中国式现代化进程。以儒家为例,作为主流的传统文化,儒家文化在日常生活交往中构造的礼俗秩序和政治生活、精神生活中形成的意义秩序,是注重现实生活,追求世俗价值的文化。

日常生活交往构造的礼俗秩序,从其产生的初始看,本应是人情感的表达、对生命体验的保存和对人生敬畏感的诚挚态度,是起着化育德行功能的美感生活,所以在挖掘礼俗传统的现代价值的过程中,要避免为秩序而秩序的机械化,以免丧失礼俗原初的精神活力,再次僵化为"吃人的"礼教。"传统是惯例,它内在地充满了意义,而不仅仅是为习惯而习惯的空壳。"②

从社会整合、政治生活、精神生活构筑的意义秩序看,在儒家思想传统中,政治生活夹杂着伦理生活原则,政治所指涉的文化活动,是个人伦理生命的发展,具有道德意义,政治的极致是人人各尽秉彝之德,"儒家的政治境界,即人生的最高境界"③,它强调"义务"优先,而非权利优先。对其现代性反思时,我们要看到它强调的伦理责任,德业相劝,偏重个人品德上的向善追求,并强调不断提升生命力的创造有为;它强调个人在社会关系中(父子、君臣、夫妻、兄弟、朋友等伦常关系)尽其伦理义务,而非仅仅追求自我实现,从优点方面看,这有利于构筑高尚的道德环境。它主张的贤人政治,是合乎"理性"行动的人,是道德理性的代表,与民主政治并不对立,贤者可以是仲裁者,可以与中国的全过程人民民主结合起来,纠西方选举式民主之偏,发挥其长处。

现代社会人与人之间靠规则、契约、法律制约限制关系,儒家文化规

---

① 习近平:《在十九届中央政治局第三十九次集体学习时的讲话》,中国政府网,2022年5月28日。
② [英]安东尼·吉登斯:《现代性的后果》,田禾译,译林出版社,2011年,第92页。
③ 徐复观:《徐复观文集》第1卷,湖北人民出版社,2002年,第115页。

制下的政治生活提供了一个理想或理念,它强调人与人之间的互相尊重,不从外在关系上加以限制,而是以内发的自省自觉,强调人与人之间情感联系,患难相恤,并希望在生活世界层面落实这种理念,可以化为人们的生活方式,渗透在人伦日用当中。今天的我们在承继其精华的同时,也要看到并规避它存在的潜在风险,即对个人权利的漠视。

3. 社会主义核心价值观的体认只有"转识成智"实现内化,才能成为内生动力,激发人们自觉追求社会主义核心价值观。社会主义本质要求和价值追求都熔铸于核心价值观的基本内容中,在国家、社会、公民三个层面指明了价值取向,它既有时代性又有民族性,回答了我们要建设什么样的国家、社会,以及构建什么样的生活的问题,是决定美好生活的底色和最终样态。

价值观需要大众文化载体融入生活情景,从文化产业的消费看,文化产品在消费市场的比重越来越大。文化产品负载着符号价值,恩格斯在《自然辩证法》中把文化产品视为"享受资料""发展资料",好的文化产品能够改善生活环境。2020年9月16日至18日习近平赴湖南考察文创产业等地考察,并在长沙主持召开基层代表座谈会指出,"文化产业既有意识形态属性,又有市场属性,但意识形态属性是本质属性。一定要牢牢把握正确导向,坚持守正创新,确保文化产业持续健康发展。"①。这意味着要把社会主义核心价值观的价值诉求、价值取向和要求融入文化产品创作生产全过程。

文化、价值观是生活的方向性要素,就功能而言,日常生活需要物质基础,但同时也需要深层次的精神协调与引导,文化、价值观能够调节精神与物质的关系,社会主义核心价值观是对物质与精神"非正比性"的批

---

① 习近平:《坚守人民情怀,走好新时代的长征路——习近平在湖南考察并主持召开基层代表座谈会纪实》,《人民日报》2020年9月21日,第1版。

判性反思，面对社会利益的分化，生活共同体需要建构价值观认同与意义，这是凝聚社会共识、维系生活的精神核心。建立充盈人文意义的生活需要精神的维系，正确的思想引领，日常生活中以行动去践行、支撑、巩固社会主义核心价值观，重视对传统的追认，重视与现代性融合的社会主义核心价值观，可以达到稳固社会秩序，凝聚人心，让生活的建构具有明确的意义与价值取向，这是中国现代化发展的重要精神保障与内在动力。

三、美好生活的制度性保障：治理体系与治理能力现代化

传统哲学对美好生活的认识倾向于感性的、内在的、个体的，而中国化马克思主义语境下的美好生活是与社会制度、社会秩序的建构密不可分的。对个人的美好生活来说，是"我"的生活，这关涉着个体需要、内在体验、观念态度、期待与能力、意义和价值的殊异。理解和把握美好生活，不仅要从内在和感受出发，还要找到与文明形态、社会环境与认知体系的关联方式，更要推进理想的社会制度、社会秩序的构建。

从美好生活实现的外部保障看，有赖于中国共产党通过建立完善完备、成熟的社会制度体系，对于美好生活实践在治理中进行组织领导与整体引领。制度是社会之规，是降低社会交易成本的根本；治理是制度的遵循和执行，在实践中的具体发挥和功能展现。必须要看到，治理中仍然存在或因私利或因现代化意识淡漠而导致的突破制度的违规违法现象。因此制度现代化与治理现代化具有同向性、同构性，必须将二者结合起来。

党的十九届四中全会通过的《中共中央关于坚持和完善中国特色社会主义制度推进国家治理体系和治理能力现代化若干重大问题的决定》，旨在推动制度的成熟定型，彰显了"制"和"治"有效结合是增强社会效率的根本之道。"中国之制"侧重强调以制度的完善，确保中国现代化建设的社会主义方向，"中国之治"侧重强调通过有效治理确保制度的实施，二

者互为支撑。制度提供顶层设计,以领导力的姿态制定目标,提供支撑和保障,治理关乎制度的落实,需要执行能力的质量和成效。"中国之制"是方向,方向要确保正确;"中国之治"是路径,路径要科学。

制度保障,从宏观来讲,是中国特色社会主义制度从国情、民情实际出发,没有套用搬用议会制、总统制等西方政治制度通行模式,有自身鲜明特色,这一制度在内外复杂形势和危机面前,有强大修复能力和明显优势力量,多次指引中国走过险滩,使得当代中国焕发出前所未有的生机活力。

制度保障,从具体来说,日常生活不是神秘莫测的,"全部社会生活在本质上是实践的"①。生产力是考察历史发展、社会形态的逻辑起点,从现代化的维度看,经济运行的理性化是现代性的表征之一,首先需要不断完善社会主义基本经济制度,尊重和把握生产力发展的客观规律,通过解放、发展生产力,调动人们积极性,释放巨大生产潜力,来推动国民经济高质量发展,同时注重发挥主体性在生产力发展中的能动性,将经济增长充分转化为人民生活福祉,满足和丰富日常生活物质需求,改善群众的生活。激发劳动创造的积极性,充分提高人的自觉能动性以及主体地位,从而恢复人本来的日常生活行为,激活人的价值。在发展生产力的同时,解决发展不平衡、不充分的社会主要矛盾问题,还需完善社会保障体系和分配制度,以制度的稳定性和根本性,保障人民群众生活获得的安全感和满足感,让人们对发展成果能够惠及自身生活有更稳定的预期,协调生产力标准的工具理性要求和社会主义生产关系的价值理性要求,从而让人们生活有更多的获得感和幸福感。

坚持和完善中国特色社会主义制度,推进国家治理现代化意味着要将制度优势转化为治理效能。以人民当家作主制度为例,全过程人民民

---

① 《马克思恩格斯文集》第1卷,北京:人民出版社,2009年,第501页。

主,有效回应了人民群众民主意识、个体意识和权利意识觉醒而产生的期待,在民主治理上通过强化协商意识,提高决策效率,有效化解了利益群体间的撕裂,保障民众合法权益。协商共治中,避免了排斥异己的弊端,反映人民意愿,以现实切近的利益问题的解决有效回应生活期待。

以贫困治理为例,我们不是走依靠社会力量自行发展脱离贫困的道路,而是中国共产党以自觉意识和使命担当承担起脱贫的现代化建设。治理贫困需要将各种资源、要素、人力集中起来,通过完善贫困治理机制体制协调各方行动。如谋划产业发展以扶贫,规治生态协同共进,以一锤定音、定于一尊的权威进行基础社会建设,优化党领导的方式方法,选派驻村工作队和领导干部,推动公共服务建设,改变贫困村、县等整体面貌,消除了绝对贫困,提高了基层治理能力和管理水平。

以城市生活治理为例,亚里士多德在《政治学》中认为"城邦的长成出于人类生活的发展,而其实际的存在却是为了美好的生活"。城市化是现代化的必由之路,城市作为现代社会的构成性中心,承载着人们对美好生活的追求。中国现代化进程中经历了世界上速度最快、规模最大的城市化发展,进而改变了人们的生活方式,由此也衍生了诸多发展中的城市问题,城市生活治理是"具体而微"的国家治理,2015年,时隔37年后,中央城市工作会议再次召开,"人民城市"理念也在此次会议中首次提出,会议指出要创新城市治理方式,"彻底改变粗放型管理方式",统筹"三生空间",即生活空间、生产空间和生态空间,促进"城市治理体系和治理能力现代化",提升生活质量,以让人民群众"在城市生活得更美好"。"人民城市"体现的是对人的尊重和关切,归根到底要落实到人民群众的具体生活中去。在"人民城市"思想具体实践中,城市治理模式越来越以满足人民对美好生活的追求为目标。党的二十大报告指出"坚持人民城市人民建、人民城市为人民",实现"城市让生活更美好",要进一步提高城市生活治理水平,打造宜居城市。

第一，进一步完善治理法律法规，推进城市生活治理体制现代化。自1954年《城市街道办事处组织条例》和《城市居民委员会组织条例》通过后，我国城市治理将党的组织延伸到城市生活各环节，治理运作呈现出"街居制"基本模式，"街"指街道办事处，"居"指居民委员会，随着"单位"逐渐成为国家对社会进行行政管理的基本环节和社会秩序的基础，在城市治理实践中，单位制成了主要模式，街居制成了"拾单位之遗，补单位之缺"的辅助模式，这种将城市生活高度组织化的单位加街居的运作模式实现了一种"总体性社会"。改革开放以来，随着社会主义市场经济的发展，"单位人"逐渐向"社会人"转变，进入90年代，随着民政部"社区建设"概念的重新提出，"社区制"成为适应城市化进程的新的治理模式，这意味着从"总体支配"到"技术治理"的转型，这一进程中城市治理体制建设经历了从"物"到"人"、从发展到生活的价值转向，以避免陷入技术治理的"工具理性至上"误区。

城市生活并不完全是私人领域，"以人民为中心"的人民城市，在生活治理的视角，指向了以"美好生活需要"的有效满足为标准，政治立场与阶级立场相统一的"人心秩序"政治形态，这需要在党的领导下通过制度规划治理实践，实现资源的公正充足供给和生活秩序的有效安顿，让民众感知国家的政治德行，激活民心皈依的群众路线，重塑人民群众共建共治共享的动力和秩序，使城市真正成为回应民众对美好生活向往的"人心所向"空间。

因此，在城市生活治理的体制机制规划上，一是要通过进一步健全社区管理和服务机制，依法厘清基层政府与基层群众性自治组织的权责边界，制定权责清单制度，合理确定事务范围，推进治理结构改革，推动审批权限和公共服务事项重心下移、资源下沉，解决行政化色彩浓厚的问题和基层组织负担，构建城市生活治理框架和精准化服务平台，把党的政治优势、把社会主义的制度优势转化为城市生活治理优势。二是要通过完善城市社区居委会职能,健全居民参与社会治理的组织形式和制度化渠道,督促业委会和物业服务企业履行职责,改进社区物业服务管理。三是要通过推动围绕民众"衣食住行""生老病死"的生活服务场景的精准对接,诸如医疗养老、就业社保、物流商超、纠纷调处、治安执法等便民服务的有机集成,推动城市生活治理的精细化服务,有效回应生活中的"小事""琐事",以真正提升城市生活品质。

第二,进一步落实治理主体多元共治,推动城市生活治理布局现代化。美好生活从个体角度意味着私人生活中感受到的满足感、获得感、安全感、尊严感和幸福感,从公共生活角度看,意味着社会资源得到公正分配,个人能够平等参与公共事务,个体的意志能够在公共生活中得到实现,生活的公共向度是美好生活的必有之义,是人的社会属性之本质体现,因此城市治理需要多元主体围绕优良生活秩序的建构目标进行合作,民众参与治理的程度,决定了城市生活治理的深度与效度。

生活的日常性、琐细性特征,也决定了美好生活不可能仅靠制度规则就能够实现有效治理,还应注重风俗、民情、约定俗成等情感性、经验性要素以及多元主体的民主协商。为了弥合治理主体的自利逻辑,需要构筑党领导下的人人有责、人人尽责、人人享有的多元共治共同体。通过畅通和规范基层治理途径,引导和推动各方力量如新社会阶层、市场主体共同致力于社会治理,通过加强财政补助、人才保障,规范行业协会商会;通过税收优惠,培育公益慈善组织;通过购买服务,打造城乡社区社会组织,从"行政主宰"转向"行动引领",做好事中事后监管。发挥社会工作服务供给、慈善事业在治理中的积极性,壮大志愿者队伍,发挥社会力量,由"党政主宰"转型为"党建引领",激发居民参与城市生活治理的积极性、主动性、创造性。总之,将各方治理主体和治理资源统合到以美好生活需求为导向的城市生活治理实践中,有效回应民众生活"痛点"。

第三,进一步推进城市生活治理手段现代化的同时,要注意治理限度,避免陷入单一技术治理的误区。城市化的进程离不开以现代科技为支撑构筑美好数字生活新图景,创新城市生活治理模式和治理方式,要充分运用新兴技术平台和科技手段,以智能化、数字化为突破口,发挥媒介融合的整体优势,实现与民众生活密切相关的服务事项全部接入,强化数据汇集和系统整合治理,完善全方位政务服务体系和推进智慧社区建设。以线下社区服务机构与线上技术应用实现信息内容、社区生活服务整合,推动管理手段共融共通,推进智慧生活服务圈,在生活服务信息的生产、分发、共享、反馈中,加快信息无障碍建设,打造新型数字生活。但同时,在城市生活治理越来越技术化、规范化、标准化过程中,技术化的治理逻辑不应泛化,要让人民成为数字技术与城市生活治理现代化充分融合的最大受益者,要避免"强工具""弱价值"的简单化、模式化导向;实现数字化管理进行理性决策的同时,要注意"可计算原则"进行管理的限度,要注重治理行动本身的正当性;以治理技术提升治理效率的同时,要避免过于注重外在形式和程序,要尊重人民群众的差异性、多元性,日常生活的丰富性、不确定性和现实复杂情境。

总之,在领导体制上有中国特色、在路径选择上体现时代特征、在价值取向上彰显我国社会主义制度优势的城市生活治理之路,要通过制度安排合理公正配置社会资源,为迈向美好生活的城市治理提供良好的宏观制度环境;要将城市社会中内生动力的激发根植于生活"痛点"诉求治理之上,最大程度动员群众共建共治,为城市治理提供坚实的社会基础;要打破目标向度上的工具理性,绩效化和指标化不是根本价值取向,要将生活视为治理的起点和结果,激发社会力量活力。制度规范的生命力在执行,执行背后是制度体系不断完善,人们对制度价值的认同,只有如此,"人人能有序参与治理、人人能享有品质生活、人人能切实感受温度、人人能拥有归属认同"的国家治理体系和治理能力现代化建设才可能取得实质性的进展和突破。

四、美好生活的实践路径：从维生劳动到体面劳动及至自由自觉的劳动

在马克思主义逻辑进路中，美好生活终究是个诉诸"实践"进而"改变世界"的命题。劳动实践是推动人类历史进步的根本动力。落脚到实践逻辑中，就是处理好劳动与生活的关系，首先要解决劳动认同问题，即"为什么劳动"，把劳动价值的"应然性"化为"实然性"；第二要靠制度保障劳动正义，构建和谐的劳动关系，即劳动保障问题；第三要赖于人的自由自觉的活动创造，即"怎样劳动"，从"谋生劳动"到"体面劳动"，乃至最终实现"自由自觉的劳动"的进程。

首先，劳动的价值追问只有在劳动与人的美好生活诉求相吻合、符合人的本真性追求的实践理性层面才能解答。我国作为工人阶级领导，工农联盟为基础的人民民主国家，工、农两大劳动群体在国家建制上的主导地位，让劳动观念成为国家意识形态和观念建构的重要内容。20世纪50年代，全国工农兵劳动模范代表会议、全国先进生产者代表会议、全国群英会以及全国文教群英会等国家级会议，通过发掘和表彰劳动模范和先进生产者，积极树立社会主义建设先进劳动者典型，八大报告上强调美好生活由劳动创造，维护劳动者的地位，肯定劳动的价值，社会主义劳动者的身份得到广泛认同和尊重。人与人之间的身份识别也在"只有分工之别，没有高低之分"的劳动序列中体认为劳动者之间的关系。

改革开放以来，社会对待劳动的态度日益分化，劳动观念在国家观念体系中仍保有尊严地位，但随着"996""007"等新的劳资关系冲突，底层"蚁族"在资本面前遭受巨大压制，"打工人""社畜""躺平""内卷"等网络热词的情感表达和现实焦虑的映照下，折射的是劳动的内在热情与劳动创造的积极性等劳动内生动力问题。以"享受生活"的消费逻辑和"符号操纵"的消费崇拜为核心内容的消费主义思潮,也深刻地影响着人们的思维方式、行为规范和价值取向,改变着人们的生产方式、生活方式和工作方式。存在或因畏难缺乏劳动动力,或因偷懒逃避劳动不愿劳动,或因劳动目的功利,缺乏创造性劳动意识等问题,热爱劳动的情感淡化,不能把握新时代劳动精神风尚。消费主义文化其消极面会导致人们将劳动视为享乐的对立面,把劳动仅仅当成谋生致富手段,而不是人本质力量的确证;职业选择上的功利化,导致职业观念畸变为寻求"轻松赚大钱"的职业,忽视了在劳动中激发、实现潜能过程中的自我价值实现。拜金主义和享乐主义下,评价劳动的标准、原则由集体让位于个人,可能导致只专注于个人生活欲求,而缺乏合作的责任心,甚至拒绝职业道义上的责任。消费主义下为弥合阶级界限,在购买力有限的情况下,为了用消费品的象征价值(社会阶层烙印)去掩盖遮蔽消费阶层差异过程中,可能会引发职业操守沦丧等金钱犯罪行为。劳动观念的价值认同在社会生活层面有所旁落和退隐,劳动事实价值与劳动的价值认同的冲突也导致了身份认同的危机以及社会群体之间的撕裂。

崇尚劳动、尊重劳动价值是马克思主义的重要价值观。黑格尔认为"劳动是人在外化范围之内的或者作为外化的人的自为的生成",马克思在其观点基础上,将劳动深化为"劳动是人的本质存在方式",人的发展要"表现为活动本身的充分发展",劳动展现人的本质,是现实的人的生命活动,在马克思那里人的全面发展其实就是人的自由劳动的发展,因此,要从劳动是人的类本质的高度去理解。劳动不是孤立、抽象的实践活动,对劳动的理解不能从生活世界抽离,生活是理论和实践的统一,劳动具有实践意义,劳动与实践在马克思这里统一于"劳动—社会"实践论理论范式中。

"劳动是整个人类生活的第一个基本条件"[①],人们对劳动的价值期

---

① 《马克思恩格斯文集》第 9 卷,北京:人民出版社,2009 年,第 550 页。

待与生活方式和生活路径有密切关系,如何评价劳动取决于劳动在生活叙事中的位置,劳动者能内生出尊重劳动、崇尚劳动的认知自觉,社会层面能够认同劳动光荣、劳动伟大、劳动美丽、劳动崇高的价值立场,都取决于现代人的生存焦虑可以通过劳动创造出一个"属人的"美好生活。劳动者能够参与平等劳动、体面劳动,获取劳动尊严和归属感的需求,在劳动中得到满足,劳动能带来存在感和生命意义,那么劳动者进而就能够体认劳动创造活动和劳动社会关系的内在价值。

第二,劳动保障问题。在资本主义私有制下,劳动者的劳动被用来追逐剩余价值,劳动成果被"他者"占有,劳动者支撑了社会发展,但自身却在政治、经济乃至日常生活中成为权利少、地位低的社会弱势群体,所以劳动者"像躲避瘟疫一样"逃避劳动。生产力的大发展是现代化的前提,但生产力发展创造的社会财富却并不会天然地实现分配公正,"劳动者在经济上受劳动资料即生活源泉的垄断者的支配,是一切形式的奴役即社会贫困、精神屈辱和政治依附的基础"。① 历史唯物主义的框架中,劳动者的解放是一个整体性的结构,生产力发展到一定程度,以物质的必然王国解放为基础,在实践持续不断的改造中,对妨碍自身精神发展的落后精神生产以及虚假意识形态进行审视和解构,以实现根本性的解放,这是一个漫长的历史过程。

在唯物史观的视域之下,生产关系的实现形式必须正视社会主义初级阶段的社会生产实际,这需要制度的介入,生产资料公有制克服了资本主义私有制的局限性,只有"制度之善"才能推动劳动者权益的保障,这需要党和国家通过健全法律制度,在生产领域终结劳动资料与劳动者分离的状态,在分配领域公正分配劳动财富。党的十九届四中全会提出的《中共中央关于坚持和完善中国特色社会主义制度　推进国家治理体系和治

---

① 《马克思恩格斯文集》第3卷,北京:人民出版社,2009年,第226页。

理能力现代化若干重大问题的决定》从制度层面再次强调了我国公有制为主体的基本经济制度和按劳分配为主体的分配制度,以制度应对市场无序化发展的风险,保证中国特色社会主义的方向,强调要"着重保护劳动所得"以及在初次分配中"提高劳动报酬",并规定了劳动权益保障的重要性,强调了构建和谐劳动关系以及健全劳动关系协调机制,劳动者才有实现体面劳动、全面发展的可能。

第三,是人的自由自觉的活动创造问题。人的劳动生产是人类生活的前提和基础,也是社会发展的内在动力,生活目标的实现与人自身的劳动生产不可分割。不同发展阶段,人与劳动间的价值表现形式是不同的,大致分为谋生劳动、体面劳动、"自由自觉的劳动"三大阶段。

第一阶段是谋生劳动阶段,劳动中首先要改造外界,满足自身基本生活资料需要。但人不仅仅是本能存在物,物质生存需要满足之后,劳动还有应然价值,能满足人享受和发展的多层次需要,这些新的需要的满足均离不开劳动。但如果劳动是社会性的被迫劳动,仅仅沦为维持肉体存在的手段,劳动者诉求被压缩为"活下去",那么只有"生存"没有"生活"的劳动,是区分不出人与动物的本质差异的,因为动物也靠活动获得生存。人差别于动物,在于人在实践中能"生活"、有"生活"。"人们用以生产自己的生活资料的方式……是他们表现自己生命的一定方式、他们的一定生活方式。个人怎样表现自己的生命,他们自己就是怎样。"[1]在摆脱了绝对性贫困的新时代,我们在继续提升生产力、增加物质财富基础的同时,生产关系层面要在劳动者主体利益的角度建构劳动方式、劳动关系的正义价值规范,降低劳动"像牛马一样劳苦"的谋生性质,维护劳动者的权益和尊严。

第二阶段是体面劳动阶段,体面劳动(decent work)成为国际性话语,

---

[1]《马克思恩格斯文集》第1卷,北京:人民出版社,2009年,第520页。

源于1999年国际劳工组织(ILO)发布的《体面劳动议程》[1],该议程倡议从改善劳动环境、提高劳动报酬等方面维护劳动者权益,进而保障其生活质量。一般认为体面劳动包含四个要素:就业、权利、保障、对话。习近平总书记多次强调"努力让劳动者实现体面劳动、全面发展"[2],体面劳动是美好生活的实践形态和重要本义。体面劳动首先是"因劳动而体面",这意味着劳动者能通过有尊严、有价值、有满足感的劳动获得与付出对等的体面回报,这背后是劳动者拥有谈判、对话获得体面报酬及相应劳动条件保障的权益。其次是"有劳动才体面",这是对劳动价值、劳动者主体地位、劳动尊严的肯定,对比身体健全却依附他人而生的不劳而获者,通过辛勤劳动、诚实劳动、创造性劳动付出获得生存发展所需的劳动者显然生活得更有尊严且体面。党的十九届四中全会再次从制度层面强调了保障劳动者体面劳动的必要性,彰显了社会主义制度的本质要求。历史地看,美好生活应在体面劳动向自由自觉劳动的进程转化中实现。

最高阶段是自由自觉的劳动阶段,在黑格尔把劳动与人的本质相关联后,劳动不仅能"成物",还能"成人",劳动是人的精神和理性形成过程中的重要环节,马克思继承并发展了黑格尔的劳动观,拓展了劳动的范畴,从自我意识的抽象活动转变为现实的劳动实践活动,提升了劳动"成人"的意义,即人在劳动中生成人的本质。劳动对社会生产生活的推动,关乎人的本质显现,关乎人的生活品质,这样才能更全面理解历史唯物主义。自由自觉的劳动是指在劳动中发挥的内在本质力量,向人的本质的自由自觉的复归。

人是具有超越性的动物,超越意味着在实践中实现发展。美好生活

---

[1] *Report of the Director General: Decent Work*, 87th Session of the International Labour Conference, Geneva: International Labour Office, 1999.
[2] 习近平:《在庆祝"五一"国际劳动节暨表彰全国劳动模范和先进工作者大会上的讲话》,《人民日报》2015年4月29日,第2版。

是现代化的生活,要解决社会主要矛盾,劳动实践是前提条件。现代化的"硬"指标需要劳动者不断提高生产技术技能,以提高生产率。从现代化的"软"指标看,劳动不仅意味着量的扩大,还是哲学意义上的创造,是质的飞跃。在对象性关系之中,劳动不只是动物性本能的叠加,还有意识自觉活动下的自由选择和实践创造。"通过实践创造对象世界,改造无机世界,人证明自己是有意识的类存在物。"①人的本质力量在创造和选择中得到显现,在这个意义上"美好生活靠劳动创造"②,人通过劳动建构现实生活,当强制性劳动、谋生手段转向体面劳动,最终实现确证人内在价值的自由劳动、"属人的劳动",劳动异化得以扬弃,创造性劳动才会带有"解放旨趣"。

---

① 《马克思恩格斯文集》第 1 卷,北京:人民出版社,2009 年,第 162 页。
② 习近平:《在知识分子、劳动模范、青年代表座谈会上的讲话》,《人民日报》2016 年 4 月 30 日,第 2 版。

第七章 | 主要结论

第七章 | 主要结论

在资本主义异化渗透到生活场域之后,当代思想界展开了"生活世界"转向的理论运动,从根本上改变了长期以来思想范式遮蔽或"遗忘"生活的理论缺失。"重新发现"生活世界中蕴含的革命性力量,已经颠覆了人们对其平庸世俗的惯常态度。生活变革日益成为社会改造和实现总体现代化所必须优先考虑的最基本问题,对日常生活的批判由此构成社会历史批判的前提性议程。生活批判的宗旨不是为了超越生活,而是为了改变生活主体的存在状态,使其生活态度和生活方式由自在和自发状态进入自为和自觉状态。

本文不是超时空、超历史地探讨生活的变革,而是将其放到中国式现代化发展道路的出场下研究,放到社会主义现代化与新时代美好生活的生成中研究。中国展开现代生活的路径和价值取向跟西方是不同的。党的十九大提出"满足人民日益增长的美好生活需要",党的二十大作出把"实现人民对美好生活的向往作为现代化建设的出发点和落脚点"的战略安排,既在世俗性上契合了大众对生活的期望,又在超越性上构筑了社会主义价值。

西方现代生活图景潜存的分裂和矛盾,是西方现代性困境逐渐暴露的过程。跨越资本主义"卡夫丁峡谷"而建立的社会主义要化解这一现代性发展难题,当今中国国情和世界世情都决定我们必须学习"吸收资本主义的一切肯定成就",为社会主义现代化生活开辟广阔空间,同时用社会主义的价值诉求和制度对资本主义现代性进行节制、约束和批判,"自我异化的扬弃同自我异化走的是同一条道路"。[①] 我们需要历史地"重新发现"中国特色社会主义语境下、中国式现代化路径中、人类文明新形态范

---

① 《马克思恩格斯文集》第1卷,北京:人民出版社,2009年,第182页。

畴下的生活世界。

一、以唯物史观把握"生活世界"的变革

长久以来,西方形而上学传统崇尚的"理论沉思"被视为最高"实践"活动,马克思主义突破了这种"逻辑的思辨的思维的生产史"[①]的束缚,抛弃了从范畴到范畴的理论范式和逻辑演绎,重新把由生产发展导致生活变迁的"对象性""感性的"现实基础拉回理论视野,马克思恩格斯所创立的唯物史观反复强调的一个重要出发点是:"人们为了能够'创造历史',必须能够生活"[②],"一当人开始生产自己的生活资料……就开始把自己和动物区别开来"[③],历史唯物主义的根本主旨,就是从生产生活方式的历史变迁(而非抽象的绝对的思维生产史)理解社会历史现实。生活世界在马克思主义的致思逻辑里,不再是一个熟视无睹的背景世界,而是全部人类历史的基础。对西方现代社会历史演变的批判性理解,是对资本主义生活形态的本质性洞察,马克思既看到了物质和技术不断增长积累必然对社会生活组织原则造成根基上的冲击,也为超越"以物的依赖性为基础的人的独立性"[④]的生活方式奠定了理论基础和实践基石。

在现代化的进程中,与西方生产生活形式相比,从经济基础和上层建筑的动态领域看,中国生活路径选择、生活实践及相关理论解析角度都发生了时代巨变。中国共产党百年来带领中国人民植根民族生活世界的实践开展,马克思主义中国化的生活世界理论成果,指引规范着生活实践各层面。我们需要在传统与当代、资本主义与社会主义、中国式现代化新道

---

① 《马克思恩格斯文集》第1卷,北京:人民出版社,2009年,第203页。
② 《马克思恩格斯文集》第1卷,北京:人民出版社,2009年,第531页。
③ 《马克思恩格斯文集》第1卷,北京:人民出版社,2009年,第519页。
④ 《马克思恩格斯全集》第46卷,北京:人民出版社,2003年,第104页。

路与西方语境现代化的张力间把握生活世界的变革。只有当历史唯物主义核心内涵的价值取向——不以资本积累和现代性生产方式的确立为终极指向,而是以人类解放指向合乎人性的人的复归为根本目标——与中国式现代化进程真正内在结合起来,才能真正避免被资本主义生活方式"格式化",才能建构属于中国化、时代化马克思生活世界理论图式,才能实现属于中国特色社会主义道路的美好生活。

二、现代化内生动力取决于生产发展与生活需求的有效契合

人民群众对日常生活的需求、对美好生活的追求是恒常重视的,现代化的根本驱动力是人们的现实生活需求,这也是历史发展的原动力。社会发展的规律,恰恰是源于人类要追求(更好的)生存和(更长足的)发展,用时代化的语言表述就是对美好生活的追求。现代化内生动力是现代化进程中源于发展本体内在的推动力量和基本动力。内生动力激发的程度,取决于现代化的生产发展与人民群众日常生活需要契合的程度。中国语境下美好生活的主体不是西方式个人主义的,是个人、社会、人类命运共同体分层次的主体的追求,这相应会产生不同面向的价值观冲突,进而产生各层次的矛盾。唯物史观的主题之一就是解决客观世界和民众价值追求的矛盾,生活需求的实现过程中就存在着客观规律、发展现实的制约。"什么时候社会主要矛盾和中心任务判断准确,党和人民事业就顺利发展,否则党和人民事业就会遭受挫折。"[①]协调平衡发展中生产现实与生活需要的冲突矛盾,是凝聚民众现代化发展共识,减弱现代化进程阻力,把民众由现代化建设的旁观者吸纳为现代化建设的参与者的过程,只

---

① 《继续把党史总结学习教育宣传引向深入 更好把握和运用党的百年奋斗历史经验》,《人民日报》2022年1月12日,第1版。

有如此方能实现发展的内源化。

三、美好生活是一个"改变世界"的实践命题

生活世界是具有个体性、差异性、动态性、感性的世界,要避免以超验、普遍、逻辑、科学的抽象将生活世界简化和遗漏。以不同方式"解释世界",产生的结果必然是由于"解释"的思维角度的不同,进而形成意识形态领域的交锋,认识世界在根本上并不能撼动实存世界。马克思在《德意志意识形态》中指出费尔巴哈"从来没有把感性世界理解为构成这一世界的个人的全部活生生的感性活动"[1]。费尔巴哈的错误在于只停留在抽象理论、宏大政策领域中观察生活、推演生活,而这个"感性世界"即生活世界的生成,依赖的是人的物质生产实践活动,美好生活是直接与人的活动相关的历史的产物,"全部社会生活本质上是实践的"[2],"重新发现"生活世界以实践为中介,变革日常生活进而建构美好生活的"改变世界"才是本质环节。

这一过程中要避免两个极端,一是要避免将人抽象化,"现实的个人"是生活生产实践的主体,现实的人不是抽象的个体,是感性的、具体的、有利益诉求和情感需要的个人。"历史活动是群众的活动",历史实践活动有人的目的性,具有为人性,也就是说,并不是生活把人做工具当手段实现自己,而是现实的、活生生的人在创造生活。"历史不过是追求着自己目的的人的活动而已"[3],是现实的人及其发展的进程。

二是要避免对实践的实用化、功利化解读,美好生活的实践推进过程,并不是将彼岸与此岸、愿景与现实、应然与实然、主观与客观对立起

---

[1] 《马克思恩格斯文集》第1卷,北京:人民出版社,2009年,第530页。
[2] 《马克思恩格斯文集》第1卷,北京:人民出版社,2009年,第505页。
[3] 《马克思恩格斯文集》第1卷,北京:人民出版社,2009年,第295页。

来,而是在二者之间搭建桥梁的努力。在现代化生活样式生成的路上,如果失却了超越性维度和批判性维度,对生活的追求很可能窄化至仅为追求物质财富的生存享乐需要。建构美好生活有着超越现成的既定的日常生活,指向理想生活的超越性意味,是生活世界持续不断的扬弃和变革,是适应"改变世界"目的的动态过程。我们需要实践的自由精神的拓展,借助精神性存在深入生活实践的本质,回归生活的实在和丰富,把握其内在的矛盾趋向,从而体现生活世界理论图式的深刻性和前瞻性。

新时代美好生活有着更为深远的实践指向,旨在从根本上改变日常生活的异化图景,呈现出人与人、人与社会、人与自然和谐共生的生活世界发展景观,历史地看,这是人类文明史上生活样态的一次深刻变革。

参考文献

1. [德]马克思、恩格斯:《马克思恩格斯文集》第1卷,北京:人民出版社,2009.
2. [德]马克思、恩格斯:《马克思恩格斯文集》第2卷,北京:人民出版社,2009.
3. [德]马克思、恩格斯:《马克思恩格斯文集》第3卷,北京:人民出版社,2009.
4. [德]马克思、恩格斯:《马克思恩格斯文集》第4卷,北京:人民出版社,2009.
5. [德]马克思、恩格斯:《马克思恩格斯文集》第5卷,北京:人民出版社,2009.
6. [德]马克思、恩格斯:《马克思恩格斯文集》第6卷,北京:人民出版社,2009.
7. [德]马克思、恩格斯:《马克思恩格斯文集》第7卷,北京:人民出版社,2009.
8. [德]马克思、恩格斯:《马克思恩格斯文集》第8卷,北京:人民出版社,2009.
9. [德]马克思、恩格斯:《马克思恩格斯文集》第9卷,北京:人民出版社,2009.
10. [德]马克思、恩格斯:《马克思恩格斯文集》第10卷,北京:人民出版社,2009.
11. [德]马克思、恩格斯:《马克思恩格斯全集》第1卷,北京:人民出版社(第2版),1995年。
12. [德]马克思、恩格斯:《马克思恩格斯全集》第2卷,北京:人民出版社(第2版),2005年。
13. [德]马克思、恩格斯:《马克思恩格斯全集》第42卷,北京:人民出版社(第2版),2018年。
14. [德]马克思、恩格斯:《马克思恩格斯全集》第46卷,北京:人民出版社(第2版),2003年。
15. [德]马克思、恩格斯:《马克思恩格斯全集》第27卷,北京:人民出版社(第1版),1972年。
16. [德]马克思、恩格斯:《马克思恩格斯选集》第1卷,北京:人民出版社,1995年。
17. [德]马克思、恩格斯:《马克思恩格斯选集》第2卷,北京:人民出版社,1995年。
18. [德]马克思、恩格斯:《马克思恩格斯选集》第3卷,北京:人民出版社,1995年。
19. [德]马克思、恩格斯:《马克思恩格斯选集》第4卷,北京:人民出版社,1995年。
20. [苏]列宁:《列宁全集》第1卷,北京:人民出版社,1984年。
21. 毛泽东:《毛泽东选集》第1卷,北京:人民出版社,1991年。
22. 毛泽东:《毛泽东选集》第2卷,北京:人民出版社,1991年。

23. 毛泽东：《毛泽东农村调查文集》，北京：人民出版社，1982年。

24. 《毛泽东年谱(1893—1949)(修订本)》中卷，北京：中央文献出版社，2013年。

25. 邓小平：《邓小平文选》第1卷，北京：人民出版社，1994年。

26. 邓小平：《邓小平文选》第2卷，北京：人民出版社，1994年。

27. 邓小平：《邓小平文选》第3卷，北京：人民出版社，1993年。

28. 习近平：《习近平谈治国理政》，北京：外文出版社，2014年。

29. 习近平：《习近平谈治国理政》第2卷，北京：外文出版社，2017年。

30. 习近平：《习近平谈治国理政》第3卷，北京：外文出版社，2020年。

31. 中共中央文献研究室编：《十八大以来重要文献选编》(上)，北京：中央文献出版社，2014年。

32. 中共中央文献研究室编：《十八大以来重要文献选编》(中)，北京：中央文献出版社，2016年。

33. 中共中央文献研究室编：《十八大以来重要文献选编》(下)，北京：中央文献出版社，2018年。

34. 中共中央文献研究室，中央档案馆：《建党以来重要文献选编》第1册，北京：中央文献出版社，2011年。

35. 中共中央文献研究室编：《建国以来重要文献选编》第1册，北京：中央文献出版社，2011年。

36. 中共中央文献研究室编：《建国以来重要文献选编》第2册，北京：中央文献出版社，2011年。

37. 中共中央文献研究室编：《建国以来重要文献选编》第4册，北京：中央文献出版社，2011年。

38. 中共中央文献研究室编：《建国以来重要文献选编》第5册，北京：中央文献出版社，2011年。

39. 中共中央文献研究室编：《建国以来重要文献选编》第6册，北京：中央文献出版社，2011年。

40. 中共中央文献研究室编：《建国以来重要文献选编》第8册，北京：中央文献出版社，2011年。

41. 中共中央文献研究室编：《建国以来重要文献选编》第9册,北京：中央文献出版社,2011年。

42. 中共中央文献研究室编：《三中全会以来重要文献选编》(上、下册),北京：中央文献出版社,1982年。

43. 《中共中央关于党的百年奋斗重大成就和历史经验的决议》,《人民日报》2021年11月17日,第1版。

44. 习近平：《关于〈中共中央关于党的百年奋斗重大成就和历史经验的决议〉的说明》,《光明日报》2021年11月17日,第1版。

45. 习近平：《在庆祝中国共产党成立100周年大会上的讲话》,《人民日报》2021年7月2日,第2版。

46. 《中华人民共和国国民经济和社会发展第十四个五年规划和2035年远景目标纲要》,《人民日报》2021年3月13日,第1版。

47. 习近平：《决胜全面建成小康社会　夺取新时代中国特色社会主义伟大胜利——在中国共产党第十九次全国代表大会上的报告》,《人民日报》2017年10月19日,第2版。

48. 习近平：《高举中国特色社会主义伟大旗帜　为全面建设社会主义现代化国家而团结奋斗——在中国共产党第二十次全国代表大会上的报告》,《中华人民共和国国务院公报》2022年第30号。

49. 陕甘宁边区财政经济史编写组,陕西省档案馆编：《抗日战争时期陕甘宁边区财政经济史料摘编》,陕西人民出版社,1981年。

50. 中共中央文献研究室编：《陈云年谱》中卷,北京：中央文献出版社,2000年。

51. 吴晓明：《超感性世界的神话学及其末路——马克思存在论革命的当代阐释》,北京：中国人民大学出版社,2011年。

52. 顾燕峰：《马克思生活观及其当代价值》,上海：上海社会科学院出版社,2019年。

53. 刘怀玉：《现代性的平庸与神奇：列斐伏尔日常生活批判哲学的文本学解读》,北京：北京师范大学出版社,2018年。

54. 杨威：《中国传统日常生活世界的文化透视》,北京：人民出版社,2005年。

55. 刘剑涛：《现象学与日常生活世界的社会科学》,上海：上海三联书店,2017年。

56. 童世骏：《我们时代的精神文化生活》，上海：上海人民出版社，2019年。
57. 方松华编：《马克思主义中国化理论前沿》，上海：上海社会科学院出版社，2016年。
58. 李德顺：《我们时代的人文精神：当代中国价值哲学的建构及其意义》，北京：北京师范大学出版社，2013年。
59. 陈立新：《历史意义的生存论澄明》，广西：广西师范大学出版社，2016年。
60. 孔明安等：《当代国外马克思主义新思潮研究》，北京：中央编译出版社，2012年。
61. 戴劲：《马克思的感性存在论研究》，北京：人民出版社，2011年。
62. 亢安毅：《奴役与自由——当代生活世界对人的发展影响研究》，北京：人民出版社，2014年。
63. 张彤：《从先验的生活世界走向文化的日常生活——许茨与胡塞尔生活世界理论比较研究》，哈尔滨：黑龙江大学出版社，2011年。
64. 吴忠民：《中国现代化论》，北京：商务印书馆，2019年。
65. 刘海静：《哲学反思与社会批判：东欧新马克思主义的马克思观》，哈尔滨：黑龙江大学出版社，2016年。
66. 李霞：《个性化的日常生活如何可能：赫勒日常生活理论研究》，北京：人民出版社，2011年。
67. 朱承：《礼乐文明与生活政治——〈礼记〉与儒家政治哲学范式研究》，北京：人民出版社，2019年。
68. 彭国华：《重构合理的生活世界：哈贝马斯的现代性理论研究》，北京：北京师范大学出版社，2015年。
69. 沈湘平、常书红编：《城市与美好生活》，北京：中国社会科学出版社，2019年。
70. 吴晓明：《形而上学的没落——马克思与费尔巴哈关系的当代解读》，北京：北京师范大学出版社，2018年。
71. 夏莹：《从批判到抗争：西方马克思主义的嬗变及其当代形态》，北京：清华大学出版社，2019年。
72. 常建华：《中国日常生活史读本》，北京：北京大学出版社，2017年。
73. 吴学琴：《当代中国日常生活维度的意识形态研究》，北京：人民出版社，2014年。
74. 陈曙光：《直面生活本身：马克思人学存在论革命研究》，北京：北京师范大学出版社,2012年。

75. 孙飞宇:《方法论与生活世界》,上海:上海三联书店,2018年。

76. 杨耕:《重建中的反思——重新理解历史唯物主义》,北京:北京师范大学出版社,2018年。

77. 丁立群编:《现代化与日常生活批判理论研究》,北京:社会科学文献出版社,2019年。

78. 吴晓明:《黑格尔的哲学遗产》,北京:商务印书馆,2020年。

79. 任平:《当代中国马克思主义研究》,北京:北京师范大学出版社,2017年。

80. 陈嘉映:《何为良好生活》,上海:上海文艺出版社.2015年。

81. [法]列斐伏尔:《日常生活批判》第1卷,叶齐茂、倪晓晖译,北京:社会科学文献出版社,2018年。

82. [法]列斐伏尔:《日常生活批判》第2卷,叶齐茂、倪晓晖译,北京:社会科学文献出版社,2018年。

83. [法]列斐伏尔:《日常生活批判》第3卷,叶齐茂、倪晓晖译,北京:社会科学文献出版社,2018年。

84. [匈]阿格妮丝·赫勒:《日常生活》,衣俊卿译,重庆:重庆出版社,1990年。

85. [匈]赫勒:《现代性能够幸存吗?》,王秀敏译,哈尔滨:黑龙江大学出版社,2012年。

86. [德]胡塞尔:《生活世界的现象学》,倪梁康、张廷国译,上海:上海译文出版社,2002年。

87. [德]胡塞尔:《欧洲科学危机和超验现象学》,张庆熊译,上海:上海译文出版社,1988年。

88. [英]雷蒙德·威廉斯:《文化与社会》,吴松江、张文定译,北京:北大出版社,1991年。

89. [美]马尔库塞:《单向度的人——发达工业社会意识形态研究》,刘继译,上海:译文出版社,2008年。

90. [匈]卢卡奇:《关于社会存在的本体论·上卷——社会存在的本体论引论》,白锡堃、张西平、李秋零等译,重庆:重庆出版社,1993年。

91. [匈]卢卡奇:《关于社会存在的本体论·下卷——若干最重要的综合问题》,白锡堃、张西平、李秋零等译,重庆:重庆出版社,1993年。

参 考 文 献

92. [匈]卢卡奇:《历史与阶级意识》,张西平译,北京:商务印书馆,1996年。
93. [法]让·波德里亚:《消费社会》,刘成富、全志钢译,南京:南京大学出版社,2000年。
94. [法]居伊·德波:《景观社会》,张新木译,南京:南京大学出版社,2017年。
95. [斯洛文尼亚]齐泽克:《意识形态的崇高客体》,季广茂译,北京:中央编译出版社,2014年。
96. [法]费尔南·布罗代尔:《十五至十八世纪的物质文明、经济和资本主义——第一卷日常生活的结构:可能和不可能》,顾良、施康强译,北京:商务印书馆,2017年。
97. [德]黑格尔:《精神现象学(上卷)》,贺麟、王玖兴译,北京:商务印书馆,1979年。
98. [德]费尔巴哈:《基督教的本质》,荣震华译,北京:商务印书馆,1997年。
99. [德]费尔巴哈:《宗教的本质》,王太庆译,北京:商务印书馆,2010年。
100. [德]哈贝马斯:《现代性的哲学话语》,曹卫东译,南京:译林出版社,2004年。
101. [美]欧文·戈夫曼:《日常生活的自我呈现》,冯钢译,北京:北京大学出版社,2008年。
102. [丹麦]彼得·马德森,[美]理查德·普伦兹:《都市生活世界—形成,感知,表象》,赵炜、杨矫译,北京:中国建筑工业出版社,2020年。
103. [英]本·海摩尔:《日常生活与文化理论导论》,王志宏译,北京:商务印书馆,2018年。
104. 周新原:《从马克思的生活观到新时代美好生活:理论逻辑与现实路径》,《东南学术》2021年第4期。
105. 赵汀阳:《历史、山水及渔樵》,《哲学研究》2018年第1期。
106. 王会平、张国钧:《论哲学作为生活观的理论意义》,《长白学刊》2007年第1期。
107. 方松华:《中国马克思主义是先进文明范式》,《文汇报》2016年12月4日第8版。
108. 杨宏祥、庞立生:《"现代性"批判的根本视阈:人的生存方式——开启马克思主义哲学历史唯物主义的微观视阈》,《内蒙古社会科学》2016年第7期。
109. 丁匡一:《历史唯物主义的叙事方式——基于宏大叙事与微观描述》,《现代哲学》2017年第4期。
110. 仰海峰:《人的存在与自由——马克思关于人的五个论题》,《武汉大学学报》(哲学社会科学版)2018 年第 1 期。

111. 邓晓臻:《真理:日常生活世界及其科学把握》,《学术交流》2009 年第 1 期。

112. 张澍军、曹润生:《"感性世界"论辩与现代唯物主义世界观的系统阐释》,《马克思主义研究》2010 年第 6 期。

113. 张道建:《异化与抵抗:西方"日常生活理论"的两种路径》,《湖北社会科学》2018 年第 7 期。

114. 赵司空:《自由、日常生活与信仰——论东欧新马克思主义的现代性理论》,《山东社会科学》2018 年第 8 期。

115. 陆杨:《费瑟斯通论日常生活审美化》,《文艺研究》2009 年第 11 期。

116. 宋音希:《日常生活革命:西方马克思主义的日常生活批判》,《岭南学刊》2019 年第 2 期。

117. 潘建屯:《历史现象学与历史唯物主义的比较分析——以结构与生成问题为中心》,《南京大学学报》(哲学·人文科学·社会科学)2019 年第 1 期。

118. 刘伟、邓晓臻:《作为哲学理论的历史唯物主义和作为社会历史理论的历史唯物主义》,《山东师范大学学报》(人文社会科学版)2011 年第 3 期。

119. 邱耕田、王丹:《美好生活的哲学审视》,《北京大学学报》(哲学社会科学版)2019 年第 1 期。

120. 赵福生:《论马克思的微观哲学视域》,《求是学刊》2008 年第 1 期。

121. 夏森、李新潮:《马克思的资本主义批判与共产主义理想——基于感性存在论的理论视角》,《科学社会主义》2017 年第 4 期。

122. 谢翾:《费尔巴哈感性哲学的再思考——兼论马克思与费尔巴哈的关系》,《现代哲学研究》2019 年第 2 期。

123. 姜佑福:《马克思视域中的哲学与时代》,《哲学动态》2019 年第 5 期。

124. 姜佑福:《共产主义的根本旨趣与中国特色社会主义的历史使命》,《东南学术》2019 年第 1 期。

125. 诺曼·莱文:《作为马克思主义先驱的黑格尔》上,臧峰宇译:《江海学刊》2010 年第 1 期。

126. 诺曼·莱文:《作为马克思主义先驱的黑格尔》下,臧峰宇译:《江海学刊》2010 年第

2期。

127. 李秀娟:《论感性存在对精神的超越与局限——〈黑格尔法哲学批判〉及其"导言"的阐释》,《河海大学学报》(哲学社会科学版)2014年第3期。

128. 唐爱军:《唯物史观视域中的中国式现代化新道路》,《哲学研究》2021年第9期。

129. 沈斐:《"美好生活"与"共同富裕"的新时代内涵》,《毛泽东邓小平理论研究》2018年第1期。

130. 方世南:《践行人与自然和谐共生平衡的绿色生活方式》,《毛泽东邓小平理论研究》2020年第1期。

131. 陆卫明、王子宜:《新时代习近平关于共同富裕的重要论述及其时代价值》,《北京工业大学学报》(社会科学版)2021年第12期。

132. 郑震:《工具理性批判与西方批判理论的困境——以列斐伏尔和德赛托的战术与战略思想为线索》,《广东社会科学》2021年第5期。

133. 董慧、赵航:《文化、日常生活与乌托邦:列斐伏尔都市社会建构的文化路径》,《山东社会科学》2021年第10期。

134. 闫方洁:《"中国梦"与"美好生活":现代性语境下主流意识形态话语体系的创新》,《马克思主义与现实》2018年第3期。

135. 赵司空:《对新中国前三十年日常生活政治化的思考——兼谈马克思主义中国化与大众化》,《马克思主义研究》2010年第10期。

136. 梅定国、同雪婷:《毛泽东生产劳动思想及其时代价值述论》,《毛泽东邓小平理论研究》2021年第5期。

137. 罗朝慧:《马克思"颠倒"了何种意义的黑格尔辩证法?——兼论人类自由历史视域中的"神秘外壳"与"合理内核"》,《东北师大学报》(哲学社会科学版)2021年第6期。

138. 聂锦芳:《恩格斯的资本批判及其当代价值》,《哲学研究》2020年第12期。

139. 文兵:《马克思法哲学批判的完成与"无产阶级"的出场》,《哲学动态》2020年第11期。

140. 袁祖社、杜添:《实践主体性与整全性生存理想:对象性理论视域中的自我—他者关系与人类命运共同体的世界意义》,《陕西师范大学学报》(哲学社会科学版)2021

年第 6 期。

141. 项久雨：《新发展理念与美好生活》，《马克思主义研究》2021 年第 10 期。

142. 梁孝：《西方现代化理论的意识形态反思——一种方法论的视角》，《齐鲁学刊》2021 年第 6 期。

143. 桑明旭：《中国式现代化新道路与唯物史观的公共性逻辑》，《理论探索》，2021 年第 5 期。

144. 曹泳鑫：《从地域民族命运共同体到人类命运共同体——兼论共同体变革的历史条件和实践基础》，《世界民族》2018 年第 2 期。

145. 马瑞科、袁祖社：《现代社会"绿色生存"的制度理性逻辑及价值构序实践》，《广西社会科学》2021 年第 2 期。

146. 蓝江：《从物化批判到数字资本：西方马克思主义的演变历程》，《学术界》2021 年第 4 期。

147. 张三元：《以新发展理念推动和引领人的现代化》，《思想理论教育》2021 年第 8 期。

148. 刘福森、梁镇玺：《论"人与自然命运共同体"的建构——兼论生态哲学的生存论转向》，《理论探讨》2021 年第 6 期。

149. 张笑夷：《列斐伏尔日常生活批判的理论意义再思考》，《江西社会科学》2021 年第 7 期。

150. 杜松平：《互联网时代的知识共享：个体决策攻略化与日常生活批判》，《编辑之友》2020 年第 12 期。

151. 刘博：《介入"生活世界"——对"技术时代哲学何为"的一种回答》，《昆明学院学报》2021 年第 4 期。

152. 李宗省：《历史唯物主义生活观的实践和理论基础及其意义》，《大连干部学刊》2019 年第 11 期。

153. 张一兵：《日常生活批判与日常生活革命——列菲伏尔与德波日常生活批判理论的异同》，《中国高校社会科学》2020 年第 5 期。

154. 胡敏：《论马克思的日常生活批判理论》，《湖北大学学报》（哲学社会科学版）2019 年第 5 期。

155. 邓莉：《美好生活观及其现代转变——一个概念史的考察》，《江汉论坛》2020 年第

11 期。

156. 高炳亮：《马克思生活观：生活认识的革命性变革》，《东南学术》2021 年第 6 期。

157. 孙琳：《唯物史观与对历史形而上学的超越》，《中国社会科学报》2021 年 8 月 26 日第 4 版。

158. 李进书、冯密文：《西方马克思主义"重写"良善生活》，《社会科学报》2021 年 6 月 3 日第 5 版。

159. 关锋：《历史唯物主义与反思性历史社会学》，《南京大学学报》(哲学·人文科学·社会科学) 2018 年第 2 期。

160. 黄凯锋：《走出一条内生性创新型发展道路》，《解放日报》2021 年 11 月 9 日第 19 版。

161. 梁红秀：《人类文明新形态"新"的四个维度探索》，《科学社会主义》2022 年第 5 期。

162. 王洪波、张朝阳：《超越加速逻辑的美好生活何以可能——罗萨社会加速批判理论的唯物史观反思》，《马克思主义与现实》2022 年第 5 期。

163. 陈欣、康秀云：《中国共产党美好生活观演进的历程、价值取向与内在机理》，《广西社会科学》2021 年第 09 期。

164. 项久雨：《创造美好生活的人类文明新形态》，《教学与研究》2022 年第 10 期。

165. 王光秀：《马克思生活世界理论研究》，山东大学，2013 年。

166. 栾广君：《唯物史观视域下的生活方式理论研究》，黑龙江大学，2016 年。

167. 王泉月：《马克思好生活思想的哲学思考》，南京师范大学，2018 年。

168. 马纯红：《新时代"美好生活"研究》，湖南科技大学，2020 年。

169. 高炳亮：《马克思生活观及其当代价值研究》，华侨大学，2020 年。

170. 尹红领：《习近平生活价值论研究》，郑州大学，2019 年。

171. 陈凌：《个人意识、自我认同与日常生活再造》，华东师范大学，2020 年。

172. 李晶晶：《赫勒人道主义的马克思主义思想研究》，吉林大学，2021 年。

173. 许慧：《马克思生活哲学研究》，中南财经政法大学，2018 年。

174. 甄晓英：《马克思美好生活观研究》，兰州大学，2022 年。

175. 刘耀煊：《新时代人民美好生活需要研究》，哈尔滨师范大学，2022 年。

176. Michael E. Gardiner, *Critiques of Everyday Life*, London and New York:

Routledge, 2000.

177. Agnes Heller, *Everyday Life*, trans. G. L. Campbell, London, Boston, Melbourne and Henley: Routledge & Kegan Paul, 1984.

178. Terry Eagleton, Sweet Violence, *The Idea of the Tragic*, MA, Oxford, Victoria, Berlin: Blackwell, 2003.

179. Leo Strauss, *An Introduction to Political Philosophy*, Wayne State University Press, 1989.

180. Henri Lefebvre: *Everyday Life in the Modern World*, New Brunswick: Transaction Publishers, 1984.

图书在版编目(CIP)数据

生活世界的重新发现与美好生活建构 / 兰宇新著.
上海：上海社会科学院出版社，2025. -- ISBN 978-7
-5520-4754-7

Ⅰ. D669.3
中国国家版本馆 CIP 数据核字第 2025AB1692 号

生活世界的重新发现与美好生活建构

著　　者：兰宇新
责任编辑：霍　覃　朱姵玥
封面设计：黄婧昉
出版发行：上海社会科学院出版社
　　　　　上海顺昌路 622 号　邮编 200025
　　　　　电话总机 021－63315947　销售热线 021－53063735
　　　　　https://cbs.sass.org.cn　E-mail: sassp@sassp.cn
排　　版：南京展望文化发展有限公司
印　　刷：上海盛通时代印刷有限公司
开　　本：710 毫米×1000 毫米　1/16
印　　张：15.25
插　　页：1
字　　数：201 千
版　　次：2025 年 6 月第 1 版　2025 年 6 月第 1 次印刷

ISBN 978－7－5520－4754－7/D・759　　　　　　　定价：98.00 元

版权所有　翻印必究